SPUREN DER GESCHICHTE

Jean-Pierre Adam

Wiegert

DIE GRIECHEN

FLEURUS VERLAG

Übersetzung aus dem Französischen: Ingrid Ickler
Lektorat der deutschen Ausgabe: Petra Hugenschmidt

Titel der französischen Ausgabe:
Voir l'histoire. Au temps du miracle grec

ISBN 3-89717-328-X
Printed in Belgium

10 9 8 7 6 5 4 3 2 1

So sind die Seiten aufgebaut ...

Ein **einleitender Text** führt in das Thema der Doppelseite ein.

Zeitgenössische Dokumente und **Bilder** veranschaulichen das Leben der Griechen.

Die **Kästen** enthalten weiterführende Informationen zu bestimmten Themen.

Die fortlaufende **Zeittafel** am unteren Seitenrand gibt in chronologischer Reihenfolge die wichtigsten geschichtlichen Ereignisse zur Zeit der Griechen wieder.

Die **Bildlegenden** erläutern den Zusammenhang zwischen Bild und Text.

Wörter, die mit einem Sternchen (*) gekennzeichnet sind, sind in den **Worterklärungen** am Ende des Buches erläutert.

Die **Symbole** in der Chronik helfen, das jeweilige Ereignis einzuordnen:

- *Politik*
- *Religion*
- *Kriegswesen*
- *Wissenschaft und Technik*
- *Kultur*
- *Architektur*
- *Wirtschaft*
- *Alltagsleben*
- *Geografie*
- *Seuchen und Katastrophen*

Inhaltsverzeichnis

Die Welt der Griechen und ihre Wurzeln

In der Antike bewohnten die Griechen das Festland und die Inseln der Ägäis und der Adria. Vor ungefähr 4000 Jahren wanderten indogermanische Stämme in den Ägäisraum ein, breiteten sich entlang der Küsten des gesamten östlichen Mittelmeers aus und schufen die Voraussetzungen für die griechische Kultur, die für das gesamte Abendland wegweisend war.

Berge und Meer

In Griechenland sind die Sommer heiß und trocken und die Winter streng. Das Landschaftsbild ist von Bergen und Hügeln geprägt; nur selten erstrecken sich Ebenen. Lediglich ganz im Norden, in Thrakien und Makedonien, gibt es weitläufige ebene Flächen, auf denen Rinder und Pferde weiden. Der höchste Berg Griechenlands ist der 2917 m hohe Olymp, dessen Gipfel die Griechen der Antike für unerreichbar halten (erst 1913 gelang die Erstbesteigung). Da der Olymp fast immer von Wolken verdeckt ist, gilt er als Sitz der Götter (*siehe S. 30–31*). Die meisten Griechen leben in Meeresnähe, sie segeln die Küsten entlang und treiben regen Handel: Sie exportieren Olivenöl, Wein, Töpferware und Bronzegegenstände und führen im Gegenzug Getreide, Metall, Gewürze und Sklaven ein (*siehe S. 62–63*).

In kykladischen Gräbern wurden Marmorstatuetten gefunden, die Frauen in stark stilisierter Form darstellen. Möglicherweise sollen sie Fruchtbarkeitsgöttinnen verkörpern.

Aus Kreta stammende Terrakotta-Skulpturen sind häufig bunt emailliert und bilden detailgenau inseltypische Häuser ab. Bei Ausgrabungen in Thera (dem heutigen Santorin) wurden entsprechende Modelle gefunden.

2650–2190 v. Chr.
Bau der großen Pyramiden in Ägypten. In Giseh, westlich von Kairo, werden die drei berühmtesten Pyramiden errichtet: Cheops, Chephren und Mykerinos. Die Pyramiden von Giseh gelten als eines der sieben Weltwunder.

1792–1750 v. Chr.
Hammurabi, Herrscher eines kleinen Königreichs am Euphrat, besiegt den mächtigen Nachbarstaat Elam (heutiger Iran). In der Folge dehnt Hammurabi sein Herrschaftsgebiet weiter nach Süden aus und legt den Grundstein für das Babylonische Reich in Mesopotamien.

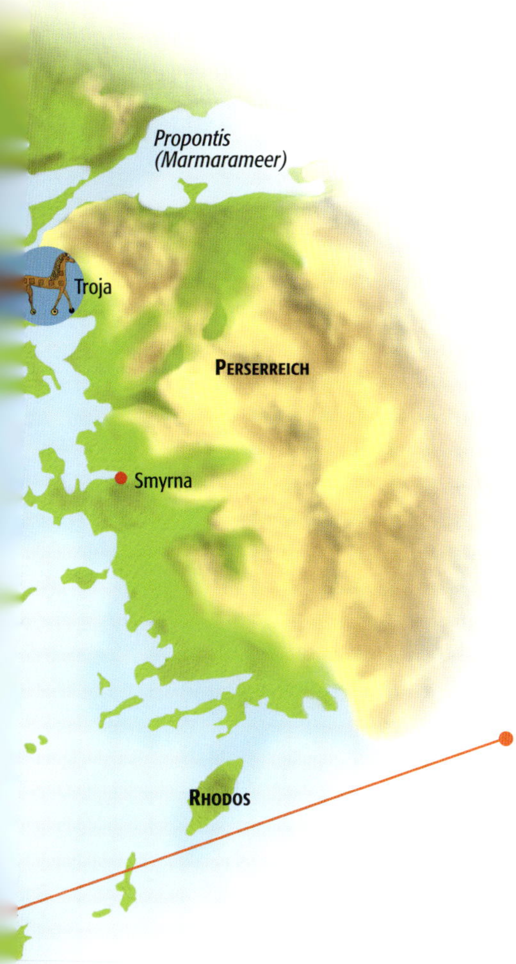

Von der kykladischen zur minoischen* Kultur

Bereits in der vorgeschichtlichen Zeit – etwa um 3000 v. Chr. – fahren die Bewohner der Kykladen zur See. Doch die Kultur dieses Inselvolks im Ägäischen Meer kann gegen die hoch entwickelten Zivilisationen, die sich erst auf Kreta und dann auf dem Festland bilden, nicht bestehen. Die minoische* Kultur auf Kreta ist nach dem sagenhaften König Minos benannt, der das kretische Reich begründet haben soll. Der Legende nach ist Minos der Sohn des Zeus und der phönizischen Prinzessin Europa. Seine weise Regentschaft verdankt er angeblich den Ratschlägen seines Vaters. Minos ist es auch, der den Minotaurus gefangen hält, ein Ungetüm mit Menschengestalt und Stierkopf (*siehe S. 33*). Die reichen kretischen Städte, in denen Viehzüchter und Bauern leben, pflegen enge Handelsbeziehungen mit anderen Regionen des Mittelmeers wie Syrien, Phönizien und Ägypten.

Dieses Fresko aus Knossos zeigt den kretischen „Stiersprung", bei dem junge Männer einen Salto über einen Stier machen müssen. Der Stier symbolisiert Wohlstand und Fruchtbarkeit.

Großartige Paläste

Die Städte auf Kreta sind groß, die Häuser der Bewohner hingegen bescheiden. Tempel, wie später in den griechischen Städten, gibt es nicht. Um 2000 v. Chr. jedoch beginnen die Minoer, ihre Häuser um riesige Palastanlagen zu bauen, die aber um 1700 v. Chr. durch Feuer zerstört werden. Kurze Zeit später entwickelt sich eine zweite Palastkultur. Die Ausmaße der Palastanlagen sind einzigartig in der Antike. Fünf dieser „jüngeren" Paläste gibt es auf Kreta, die bekanntesten sind Knossos, Mallia und Phaistos. Sie sind nicht nur Königssitz, sondern bieten auch Platz für Werkstätten und Vorratsräume, in denen Tonkrüge voller Getreide und Öl gelagert werden. In den sakralen Räumen werden Gottheiten verehrt. Ob diese heiligen Stätten nur der königlichen Familie und den Priestern vorbehalten oder auch der Bevölkerung zugänglich waren, ist bis heute nicht geklärt.

um 1700 v. Chr.
Bau des Palastes von Knossos auf Kreta. Die verwirrende Anordnung dieses riesigen Gebäudes, das etwa 100 m breit und 150 m lang ist, lieferte den Stoff für die Legende des Labyrinths, das Dädalus gebaut haben soll. Dort ist der Sage nach der Minotaurus eingesperrt.

um 1650 v. Chr.
Früheste Spuren des Hethiterreichs in Kleinasien. Der erste bedeutende Herrscher dieses Staates ist Hattusilis I., der das politische Zentrum nach Hattusa (Bogazkale in der heutigen Türkei) verlegt. Sein Nachfolger nimmt Aleppo ein und zieht bis nach Babylonien.

Mykene und die Zeit der Festungen

Um 1500 v. Chr. zerfällt die minoische* Kultur. Schuld daran war wahrscheinlich einerseits ein enormes Seebeben, ausgelöst durch einen Vulkanausbruch auf Thera, andererseits die Eroberung Kretas durch griechische Seefahrer. Auf dem griechischen Festland kommt es gleichzeitig zum Aufstieg verschiedener kleiner, kriegerischer Königtümer. Benannt wird die Epoche jedoch nach Mykene, der berühmtesten dieser stark befestigten Städte.

Von einem Herrscher zum anderen

Die Stadt Mykene liegt im Norden des Peloponnes in der Nähe von Tiryns, Pylos weiter im Südwesten. Von 1500–1100 v. Chr. ist Mykene die Führungsmacht der griechischen Welt. Ihr wirtschaftlicher und militärischer Einfluss erstreckt sich über die gesamte Ägäis. Die Mykener übernehmen einige Bestandteile der kretischen Kultur wie z. B. die Schrift. Daneben entwickeln sie aber eigene, ganz neue Formen – beispielsweise in der Baukunst.

Die Mauern der Zyklopen*

Die mykenischen Städte unterscheiden sich stark von den offenen minoischen Städten. Sie werden durch die Akropolis* (griechisch: „Oberstadt") beherrscht, die von einer gewaltigen Steinmauer umgeben ist und die man nur durch ein stark befestigtes Tor betreten kann. Die außerordentlichen Ausmaße der mykenischen Mauern, die zwischen 7 und 8 m dick sind, bieten einen hervorragenden Schutz gegen feindliche Angriffe. Sind derartige Stadtfestungen tatsächlich nötig, wenn man bedenkt, dass die feindlichen Krieger nur mit Speeren, Pfeilen und Schleudern ausgerüstet sind? Die Antwort ist einfach: Sie sollten vor allem abschreckend wirken und die Angreifer glauben lassen, dass den Erbauern solch monumentaler Mauern göttliche Wesen, die Zyklopen*, zur Hand gegangen sein müssen ...

Die mykenischen Krieger kommen vom Schlachtfeld zurück und nähern sich der Akropolis. Vor ihnen türmt sich eine riesige steinerne Mauer auf. Bevor sie die Stadt betreten, durchqueren sie das gewaltige Tor, das mit einem Löwenrelief geschmückt ist. Die beiden Löwen stellen im übertragenen Sinne die Wächter der mächtigen Stadt dar.*

um 1550 v. Chr.
Pharao Amosis I. erobert Auaris, die im Nildelta gelegene Hauptstadt der seit 150 Jahren in Ägypten herrschenden Hyksos, und begründet das Neue Reich.

um 1450 v. Chr.
In Griechenland entsteht die Linear-B-Schrift, eine Silbenschrift, deren Ursprünge in der minoischen Schrift wurzeln. Die Linear-B-Schrift wird zur Schreibung des Frühgriechischen benutzt.

DER SCHATZ DES AGAMEMNON

1876 entdeckt der Archäologe Heinrich Schliemann (siehe S. 74) die Gräber der Akropolis von Mykene, in denen sich wertvolle Schätze, darunter goldene Totenmasken, befinden. Fälschlicherweise glaubt er, die letzte Ruhestätte Agamemnons und seiner Gefährten, die während des Trojanischen Krieges Troja belagert hatten (siehe S. 10–11), gefunden zu haben.*

Von der Akropolis* zur Stadt

Die befestigte Akropolis* umfasst meist nicht das ganze Stadtgebiet, sondern nur den Palast des Königs, die Wohnungen der Wächter und die Villen der Würdenträger. Im Falle einer Belagerung bietet sie aber der gesamten Bevölkerung Schutz. Innerhalb der Akropolis* von Mykene liegen auch die Gräber der ersten Herrscher der Stadt. Später werden die Grabstätten jedoch außerhalb der Mauern errichtet. Wie viele andere Städte werden auch Mykene und Tiryns in der Endphase der mykenischen Zeit endgültig aufgegeben. Aus einigen jedoch entwickeln sich neue Ansiedlungen; die großen Mauern verschwinden. Das bekannteste Beispiel ist Athen: Seine Akropolis* ist nichts anderes als der alte befestigte Königssitz, dessen Mauern später überbaut wurden.

um 1400 v. Chr.
In Ngang-Yang in China werden Piktogramme in Knochen oder Schildkrötenpanzer geschnitzt. Auf diese Weise entsteht das erste überlieferte chinesische Schriftsystem. Die heutige Schrift stammt aus dem 6. Jahrhundert v. Chr.

1339 v. Chr.
Tutanchamun, der Schwiegersohn Echnatons, stirbt im Alter von 19 Jahren. In seinem Grab findet man einen Dolch mit Eisenklinge, ein Geschenk eines hethitischen Herrschers. Dieser Dolch ist das älteste in Ägypten jemals gefundene Objekt aus Eisen.

Fand der Trojanische Krieg statt?

Mit dem Untergang von Mykene um 1100 v. Chr. beginnt in Griechenland das „dunkle Zeitalter", das archäologisch wenig hinterlassen hat und um etwa 800 v. Chr. zu Ende geht. Bekannt ist allerdings, dass in dieser Epoche die beiden Epen Homers entstanden sind, die *Ilias* und die *Odyssee*. Sie gelten als die ersten Meisterwerke der griechischen Literatur.

Die *Ilias*, ein Heldengedicht

Als Verfasser des im 9. oder 8. Jahrhundert v. Chr. entstandenen Epos* gilt der große griechische Dichter Homer. Das bedeutende Versgedicht erzählt aus dem Leben von Königen, Helden und Göttern. In der *Ilias* beschreibt Homer die letzten Tage der Belagerung Trojas durch die Griechen. Der Vorwand für diesen Krieg gegen die Stadt in Kleinasien ist die Entführung Helenas: Die schöne Frau des spartanischen Königs Menelaos soll von dem trojanischen Prinzen Paris geraubt worden sein. Um diese Schmach zu rächen, bittet Menelaos seinen Bruder Agamemnon, den König von Mykene, um Hilfe. Dieser stellt eine Flotte zusammen und führt einen Krieg, an dem sich berühmte Helden wie Achilles und Odysseus beteiligen. Der Held auf trojanischer Seite ist Paris' Bruder Hektor, der Sohn des Königs Priamos. Er tötet Achilles' treuen Freund Patroklos. Achilles rächt sich, indem er Hektor im Zweikampf tötet. Zehn Jahre lang dauert die Belagerung Trojas und nur durch eine List des Odysseus gelingt es den Griechen, den Krieg zu gewinnen (*siehe Kasten*). Allerdings ist auch der als unverwundbar geltende Achilles unter den Opfern, so wie es die Götter vorherbestimmt hatten.

DAS TROJANISCHE PFERD

Auch im zehnten Jahr der Belagerung leistet Troja noch Widerstand. Da ersinnt Odysseus einen Plan: Er lässt ein riesiges Holzpferd bauen und versteckt sich mit einer Gruppe tapferer Krieger in dessen Bauch. Die Griechen täuschen vor, die Belagerung zu beenden, indem sie das Holzpferd am Strand als ein Geschenk an die Götter zurücklassen. Die nichts ahnenden Trojaner ziehen das Pferd in ihre Stadt. In der Nacht verlassen Odysseus und seine Begleiter das Versteck, töten die Wachen und öffnen der wartenden griechischen Armee die Stadttore. So wird Troja doch noch erobert.

1870 entdeckt Heinrich Schliemann die Überreste von Troja. Der Archäologe ist sich sicher, dass Homers Epos auf historischen Tatsachen beruht. Bei dem Hügel Hissarlik südlich der Dardanellen gräbt er insgesamt neun Städte übereinander aus. Spätere Ausgrabungen fördern noch mehr Schichten zu Tage. Welche nun aber das in der* Ilias *beschriebene Troja ist, konnten die Archäologen bis heute nicht eindeutig klären.*

Legende und Wahrheit

Den Trojanischen Krieg, so wie ihn Homer beschreibt, hat es nie gegeben. Die Überreste der Stadt Troja werden allerdings 1870 durch den deutschen Archäologen Heinrich Schliemann entdeckt. Die Ruinen lassen darauf schließen, dass Troja durch einen Brand zerstört wurde. Die Stadt liegt an einem strategisch günstigen Punkt – am Eingang zu den Dardanellen. Diese Meerenge verbindet die Ägäis mit dem Schwarzen Meer. Das würde erklären, warum in der *Ilias* von zahlreichen Schiffsreisen der Griechen erzählt wird. Sie dienen der Kontrolle der Meerenge, aber auch Überfälle auf fremde Handelsschiffe sind an der Tagesordnung. Tatsächlich ist Troja zu dieser Zeit eine wichtige Handelsstadt. Homer beschreibt Griechenland in der *Ilias* als ein Land, das in zahlreiche Stadtstaaten geteilt ist, die sich aber in Krisensituationen gegenseitig beistehen. Da alle Bewohner die gleichen Götter und Helden verehren, sind die Städte eng miteinander verbunden.

1350–1300 v. Chr.
Errichtung der großen mykenischen Grabstätten vor den Toren der Stadt. Die gewaltigste und berühmteste Grabstätte ist das „Schatzhaus des Atreus", benannt nach einem der legendären Könige Mykenes.

um 1300 v. Chr.
Bau der Stadtmauer von Hattusa, der Hauptstadt der Hethiter. Der Befestigungsring um die Stadt ist der Stadtmauer von Mykene nachempfunden. Er hat einen unterirdischen Geheimgang, durch den man die Stadt im Falle einer Belagerung verlassen kann.

Die *Odyssee* oder Odysseus' Rückkehr

In der *Odyssee* erzählt Homer von den fantastischen Abenteuern, die Odysseus nach dem Fall Trojas erlebt. An Bord seines Schiffes versucht er, mit seinen Gefährten ins heimatliche Ithaka zurückzufahren. Auf der langen Heimfahrt lauern viele Gefahren, sogar göttliche Kräfte versuchen Odysseus' Heimkehr zu verhindern. Besonders der Zorn Poseidons, dessen Feindschaft er sich zugezogen hat, bringt ihn in Bedrängnis. Es dauert schließlich zehn Jahre, bis Odysseus seine Heimat, seinen Palast und seine treue Gattin Penelope wiedersieht. Mit seiner Ankunft sind seine Prüfungen aber noch nicht beendet. Sein vermeintlicher Tod hat zahlreiche Widersacher ermutigt, Anspruch auf den Thron zu erheben und um Penelope zu werben. Odysseus tötet sie und gibt sich schließlich seiner Frau zu erkennen.

Eine der bekanntesten Szenen der Odyssee: Odysseus lässt sich an den Schiffsmast binden, um dem betörenden Gesang der Sirenen zu widerstehen.

Über den genauen Verlauf von Odysseus' Irrfahrten gibt es viele Theorien. Der Historiker Victor Bérard hält die nachfolgende Route für die richtige. Auf der Karte werden die heutigen geografischen Bezeichnungen verwendet.

① Abfahrt aus Troja
② Odysseus plündert die Stadt der Kikonen.
③ Bei den „Lotosessern" kosten Odysseus' Gefährten von einer geheimnisvollen Frucht, die ihnen jeden Willen zur Weiterfahrt nimmt.
④ Um dem einäugigen Zyklopen Polyphem zu entkommen, blenden Odysseus und seine Männer den Riesen.*
⑤ Der Windgott Aeolos überreicht Odysseus einen Sack mit allen Winden.
⑥ Odysseus bei den Laistrygonen, den Menschen fressenden Riesen
⑦ Die Zauberin Kirke verwandelt Odysseus' Gefährten in Schweine.
⑧ Im Schattenreich der Kimmerer trifft Odysseus die Toten wieder, darunter seinen Freund Achilles.
⑨ Rückkehr zu Kirke; die Zauberin zeigt Odysseus den richtigen Weg.
⑩ Odysseus widersteht dem Gesang der Sirenen.
⑪ Das Schiff muss zwischen dem gewaltigen Wasserstrudel Charybdis und Skylla, einem Meeresungeheuer mit sechs Köpfen, hindurchfahren.
⑫ Auf der Insel des Sonnengotts schlachten und verspeisen Odysseus' Gefährten die heiligen Rinder. Aus Rache tötet Zeus die Männer.
⑬ Die Nymphe Kalypso hält Odysseus sieben Jahre auf ihrer Insel fest und begehrt ihn zum Gemahl.
⑭ Odysseus berichtet Alkinoos, dem König der Phäaken, von seinen Abenteuern, bevor er seine Reise fortsetzt.
⑮ Ankunft in Ithaka

um 1200 v. Chr.
Beginn der mykenischen Eisenzeit. Dieses Metall, genauso wertvoll wie Gold, wird im Nordosten Kleinasiens gewonnen. Meist werden Waffen und Werkzeuge aber noch aus Bronze gefertigt.

um 1200 v. Chr.
Aufstieg der Olmeken im heutigen Mexiko, ohne Zweifel die älteste bekannte Zivilisation auf dem amerikanischen Kontinent. Die Olmeken errichten die ersten Städte in Mittelamerika.

Die Stadtstaaten und ihre Kolonien

Zwischen dem 9. und 8. Jahrhundert v. Chr. werden die Städte meist von einem König regiert. Nach und nach übernehmen in einigen Städten Tyrannen die Herrschaft mit Gewalt, während sich in anderen eine zweite Regierungsform entwickelt: der demokratische Stadtstaat. Dieses neue Staatswesen wird von Kolonisten* bald im ganzen Mittelmeerraum verbreitet.

Die Tyrannen

Im Laufe des 7. und 6. Jahrhunderts v. Chr. werden viele Städte von Gewaltherrschern regiert. Man nennt sie Tyrannen, abgeleitet vom griechischen *tyrannos*, „Herr". Diese Herrschaftsform hat rückblickend in der griechischen Geschichte keinen guten Ruf. Es gibt allerdings auch Tyrannen, die zum Wohl der Allgemeinheit handeln und die Rechte der Adligen einschränken. Es sind Tyrannen, denen viele Städte ihre Befestigungsanlagen und ihre Wasserversorgung durch Tonröhren und Brunnen verdanken. Sie geben den Bauern ihr Land zurück und fördern die Künste.

Die Anfänge der Demokratie

Zur gleichen Zeit entwickeln sich die ersten demokratisch orientierten Stadtstaaten, die nicht von einem Alleinherrscher regiert werden, sondern von einer Gruppe. Diese erlässt Gesetze zum Wohle der gesamten Bevölkerung. Auf diese Weise entsteht die Demokratie, die Herrschaft des Volkes (*siehe S. 16–17*). Das Strafgesetzbuch Drakons, das erste in der griechischen Geschichte (um 620 v. Chr.), enthält scharfe Regeln: Diebstahl von Feldfrüchten z. B. wird mit dem Tod bestraft. Noch heute spricht man bei strenger Gesetzesanwendung von „drakonischen" Strafen. Erst mit Solon, der 594 v. Chr. zu einem der Archonten* Athens gewählt wird, werden die Gesetze gerechter. Unter Kleisthenes hat jeder Bürger Athens die Möglichkeit, an der Regierung mitzuwirken. Es gibt zwei Versammlungen: die *bule*, ein gewählter Rat, und die *ekklesia*, die Volksversammlung, an der jeder Bürger teilnehmen kann (*siehe S. 17*).

Solon, Archon von Athen, hebt für viele Delikte die Todesstrafe auf und schafft die Schuldknechtschaft ab.*

Dieses Schiff stammt aus Keryneia, einer Stadt im nördlichen Zypern. Es ist das einzige noch erhaltene Rundschiff dieser Zeit (siehe S. 14–15) und diente zum Transport von Waren oder brachte die Kolonisten in ihre neue Heimat.*

Die Kolonien

Ab dem 8. Jahrhundert v. Chr. geraten die griechischen Städte in existenzielle wirtschaftliche Schwierigkeiten. Die landwirtschaftlich nutzbaren Flächen sind begrenzt, die Böden wenig fruchtbar. Wächst die Bevölkerung, droht eine Hungersnot. Daher müssen viele Griechen die Heimat verlassen, um sich an den Küsten des Mittelmeers neu anzusiedeln. Dort blühen Handel und Landwirtschaft. Weitere Beweggründe auszuwandern sind die in der Heimat drohenden Gefahren durch feindliche Völker. All dies erklärt, warum die Griechen im gesamten Mittelmeerraum anzutreffen sind und warum ihre Kultur dort weit verbreitet ist. Die Auswanderer bleiben aber mit ihrer Mutterstadt verbunden und lassen sie an ihrem neuen Wohlstand teilhaben.

1200–1100 v. Chr.
Zerstörung der bedeutenden mykenischen Städte Mykene, Tiryns und Pylos. Warum die mykenische Kultur nach und nach zerfällt, ist unklar. Mögliche Ursachen sind Volksaufstände, Piraterie oder der Einfall feindlicher Völker aus dem Norden.

1000–700 v. Chr.
Verbreitung des Eisens in Westeuropa. Griechen und Etrusker beuten die Eisenvorkommen Kretas aus. Die ersten Eisenschwerter werden in Gräbern in Bayern und Böhmen gefunden. Sie stammen aus der Zeit um 800 v. Chr.

Die frühesten Kolonien entstehen an der Küste Thrakiens und weiter westlich in Italien und Sizilien. Bürger von Chalkis gründen 757 v. Chr. die erste Kolonie in Kyme, nördlich von Neapel. Eine zweite Kolonisierungswelle führt die Griechen 700 v. Chr. nach Afrika, aber auch nach Korsika und Marseille. Hauptziel ist jedoch das Schwarze Meer, damals Pontos Euxeinos genannt. Einige Generationen später werden aus den Kolonien eigene Staaten, die ihrerseits Kolonisten* ausschicken, um neue Städte zu erschließen. So gründet Korinth 733 v. Chr. in Sizilien die Stadt Syrakus, die ihrerseits später Kamarina begründet.

AUFBRUCH DER KOLONISTEN

Dem Beschluss einer Stadt, eine Kolonie zu gründen, geht ein religiöses Ritual voraus: die Befragung des Orakels. Das Orakel legt die Richtung der Auswanderung fest und bestimmt einen Schutzheiligen. Das bekannteste ist das Orakel von Delphi, das durch die Priesterin Pythia* verlautbart wird. Ihre Weissagungen werden von Apollonpriestern ausgelegt. Bald gibt es eine Vielzahl griechischer Kolonien rund um das Mittelmeer, was Platon zu der Aussage veranlasst: „Sie sitzen wie Frösche um einen Teich herum."*

Die Grabungsstätte von Selinunt im Westen Siziliens. Die auf dem Seeweg gekommenen Griechen errichten ihre Kolonien meist in Küstennähe, um die Verbindung zur Mutterstadt zu erleichtern.

965–926 v. Chr.
In Jerusalem herrscht König Salomon. Sein Volk erlebt eine Zeit des Wohlstands. Zu Ehren Jahwes, des Gottes der Juden, wird ein Tempel errichtet. Dort befindet sich auch die Bundeslade mit den Gesetzestafeln, die Gott Moses anvertraut hat.

800–700 v. Chr.
Möglicherweise lebt in dieser Zeit Homer, der Verfasser der Ilias *und der* Odyssee. *Die Schrift, deren Spuren sich seit 1100 v. Chr. verloren haben, taucht wieder auf. Das von den Phöniziern übernommene Alphabet wird von den Griechen ergänzt und weiterverbreitet.*

Ausgezeichnete Seefahrer

Gemeinsam mit den Phöniziern gelten die Griechen als die herausragenden Seefahrer der Antike. An Bord ausladender Schiffe, der „Rundschiffe“, brechen sie zu den Küsten des Mittelmeers auf und knüpfen enge Handelsbeziehungen zu ihren Nachbarn.

Die ideale Form

Die Griechen sind geschickte Schiffsbauer. Die Form ihrer Schiffe ist auf den geplanten Einsatz ausgerichtet. So sind die Kriegsschiffe schmal und spitz zulaufend, um möglichst schnell zu sein (*siehe S. 22–23*). Anders gebaut sind dagegen die Handelsschiffe und die Schiffe der Kolonisten*, die zu neuen Ufern aufbrechen wollen (*siehe S. 13*). Diese Schiffe haben einen geräumigen Innenraum, um möglichst viele Güter transportieren zu können. Öl und andere Flüssigkeiten, Trockenfrüchte und Oliven werden in Amphoren transportiert, die durch Stroh geschützt oder mit Korbgeflecht ummantelt sind. Das Getreide wird hingegen einfach in den Frachtraum geschüttet.

Amphoren werden im gesamten Mittelmeerraum in großen Mengen hergestellt. Diese großen Tongefäße dienen dem Transport und der Lagerung von Wein, Öl sowie festen Nahrungsmitteln. Im Gegensatz zu Vasen und reich verzierten Tonwaren weisen sie keinerlei Schmuck auf und haben keinen Standfuß.

776 v. Chr.
Die ersten nachgewiesenen Olympischen Spiele werden ausgetragen. Dieses Ereignis markiert den Beginn einer neuen griechischen Zeitrechnung. Dabei wird die Zeit in Olympiaden gezählt, d. h. im Rhythmus der Spiele, die alle vier Jahre stattfinden.

753 v. Chr.
Der Legende nach gründet Romulus die Stadt Rom. Belegt ist, dass sich zu dieser Zeit die Latiner, Sabiner und Etrusker auf den sieben Hügeln, die später das Stadtgebiet Roms bilden, ansiedeln, um sich vor dem Hochwasser des Tiber zu schützen.

Wind in den Segeln

Die Rundschiffe sind Segelschiffe und zwischen 10 und 30 m lang. Die Segel haben eine quadratische Form und werden an der Rah, der Querstange am Schiffsmast, befestigt. Ruder sind selten. Sie werden nur bei sehr leichten Booten bei komplizierten Manövern oder bei Flauten eingesetzt.

Die Mannschaft

Jedes Schiff wird von einem *kybernetes* geführt (griechisch für „Kapitän"). Er führt das Ruder und übernimmt die Navigation. Von *kybernetes* stammt übrigens unser heutiger Begriff für die Wissenschaft der Steuerungstechnik ab, der „Kybernetik". Unterstützt wird er vom Bugoffizier, der vorne auf dem Schiff steht und das Meer beobachtet. Vor allem wenn sich das Schiff der Küste nähert, hält der Bugoffizier nach Hindernissen und anderen Schiffen Ausschau, da das große Segel dem Steuermann die Sicht nimmt. Schließlich gibt es noch den *keleustes*, der die Befehle des Kapitäns an die Mannschaft weitergibt. Er überwacht auch die Arbeit der Matrosen. Die Mannschaft auf diesen Rundschiffen umfasst selten mehr als fünf oder sechs Mann, da der Platz an Bord sehr begrenzt ist.

Große Seefahrer

Die Phönizier sind die ersten bekannten Entdecker der Meere. Bereits um 600 v. Chr. haben phönizische Seefahrer Afrika von Ost nach West umsegelt. In den Griechen haben sie allerdings würdige Nachfolger gefunden: Pytheas, ein Seefahrer aus Marseille, segelt um 330 v. Chr. an den Küsten der Bretagne und Englands entlang. Seine Reise führt bis nach Schottland und möglicherweise sogar bis nach Norwegen. Im 2. Jahrhundert v. Chr. unternimmt der in Ägypten lebende griechische Entdecker Eudoxos von Kyzikos zwei Expeditionen nach Indien. Dabei durchquert er das Rote Meer, von wo er Parfum und Edelsteine mitbringt. Danach will er Afrika umfahren, kehrt von dieser Reise aber nie zurück. Im 1. Jahrhundert v. Chr. erreicht auch der griechische Seefahrer Hippalos Indien. Er wählt die Route über Arabien. Dabei lernt er die wechselnden Monsunwinde kennen, die je nach Jahreszeit aus einer anderen Richtung wehen. Auch den ersten „Meeresreiseführer" verdanken wir einem Griechen. Darin werden die Routen und die Häfen Afrikas, Arabiens und Indiens beschrieben.

Das Steuerruder am Heck eines Schiffes ist in Griechenland unbekannt. Die griechischen Seefahrer lenken das Schiff mithilfe zweier Steuerruder, die durch eine Stange miteinander verbunden sind. Diese Technik wird bis zum Ende des Mittelalters angewandt.

um 733 v. Chr.
Griechische Kolonisten aus Korinth gründen Syrakus im Südosten Siziliens. Anfangs umfasst das Stadtgebiet nur die Insel Ortygia, auf der auch die ersten Heiligtümer errichtet werden, darunter die Tempel zu Ehren von Apollon und Athena.*

um 700 v. Chr.
Im Mittleren Osten macht König Sanherib Ninive zur Hauptstadt Assyriens. Er lässt einen riesigen Palast samt Festungsmauern errichten sowie Wasserleitungen verlegen. Von Ninive aus beginnen die Assyrer ihre grausamen Eroberungsfeldzüge.

Athen, das Modell einer Stadt

Das 5. Jahrhundert v. Chr. steht ohne Zweifel ganz im Zeichen Athens. Die Stadt wird zum Vorbild für die gesamte antike Welt. Athen wehrt die Bedrohung Griechenlands durch die Perser endgültig ab und schafft sich mit einer demokratischen Verfassung ein stabiles politisches System. Dank dieser Errungenschaften ist Athen beispielhaft für die griechische Gesellschaft, die nun eine Blütezeit erlebt.

um 660 v. Chr.
Der Legende nach gründet Jimmu das Kaiserreich Japan und wird der erste Herrscher des Reiches. Heute gehen Historiker davon aus, dass er im 1. Jahrhundert v. Chr. gelebt hat.

um 660 v. Chr.
Kolonisten aus Megara, einer Stadt westlich von Athen, gründen Byzanz, das spätere Istanbul. Schnell wird die neue Kolonie zu einem wichtigen Zentrum des Seehandels.*

Attika, das Land der Athener

Um 440 v. Chr. zählt Attika, das Land rund um Athen, etwa 300 000 Einwohner. Mehr als die Hälfte von ihnen lebt in Athen und im Hafengebiet von Piräus. Etwa 120 000 Einwohner sind Bürger. Zu dieser Gesellschaftsschicht gehört man nur, wenn sowohl der Vater als auch die Mutter aus Athen kommen. Alle anderen Einwohner sind Metöken* (Fremde) oder Sklaven. Das Staatsgebiet ist in zehn Stämme aufgeteilt, die *phylen*. Sie bilden die Basis der attischen Demokratie.

Die Demokratie oder „das Volk an der Macht"

Im 7. und 6. Jahrhundert v. Chr. wird die Idee der *demokratia*, der „Herrschaft des Volkes", zunächst von Drakon und später von Solon entwickelt (*siehe S. 12*). Doch erst mit Kleisthenes kommen die demokratischen Reformen um 510 v. Chr. zur vollen Entfaltung: Alle Bürger können die Regierung ihrer Stadt mitbestimmen, entweder in der *ekklesia* oder in der *bule*. Die *ekklesia* ist die Volksversammlung, in der jeder Bürger einen Sitz hat. Sie tritt etwa viermal im Monat zusammen. Versammlungsort ist die Pnyx, ein Platz westlich der Akropolis*, auf den bis zu 20 000 Menschen passen. Um verbindliche Entscheidungen treffen zu können, müssen mindestens 6000 Bürger anwesend sein. Abgestimmt wird durch Handzeichen.

Die *bule* bereitet die Tagesordnungspunkte der *ekklesia* vor und überwacht die Durchführung der Entscheidungen. Dieser Rat tritt täglich zusammen und besteht aus 500 Ratsmitgliedern, die jedes Jahr im Losverfahren aus den einzelnen *phylen* bestimmt werden.

Verwaltungsbeamte sorgen für die Durchführung der Gesetze. Jede der zehn *phylen* wählt jährlich einen Strategen. Die zehn Strategen sind für das Heer, die Flotte und für die Beziehungen zu anderen Staaten verantwortlich. Die *heliaia*, ein Volksgericht aus 6000 per Los bestimmten Bürgern, regelt die juristischen Fragen.

Politische und militärische Dominanz

Nach der Seeschlacht von Salamis (*siehe S. 23*) gelingt es Athen 480 v. Chr., die Perser endgültig aus dem Mittelmeerraum zu vertreiben und die griechischen Städte zu befreien. Athen verbündet sich mit einer Reihe von anderen Städten und Inseln. Ziel ist der Aufbau einer gemeinsamen Verteidigung und der Schutz der griechischen Städte in Kleinasien. Jede Gemeinde stellt diesem Bund Schiffe und Soldaten zur Verfügung, oder – was häufiger vorkommt – leistet stattdessen einen finanziellen Beitrag. Der Attisch-Delische Seebund macht Athen zur wichtigsten Stadt der griechischen Welt.

Der erste Tag der Panathenäen. Diese Festspiele finden zu Ehren der Göttin Athena statt, der Schutzpatronin Athens. Die gesamte Bevölkerung versammelt sich am Fuße der Akropolis, um der Prozession zu folgen. An diesem Umzug nehmen Träger mit Opfergaben und junge Reiter aus adligen attischen Familien teil. Auch Opfertiere werden mitgeführt.*

DER OSTRAKISMOS

Das politische System Athens steht und fällt mit den Fähigkeiten der Wortführer in der ekklesia. Starken Persönlichkeiten begegnet man mit Misstrauen. Deshalb hat jedes Mitglied der ekklesia einmal im Jahr die Möglichkeit, den Namen des Bürgers auf eine Tonscherbe (griechisch: ostrakon) zu schreiben, der seiner Ansicht nach eine Gefahr für die Demokratie in Athen darstellt. Der durch dieses „Scherbengericht" bestimmte Bürger wird „ostrakisiert", d. h. er wird verbannt und darf die Stadt zehn Jahre lang nicht betreten.

625 – etwa 600 v. Chr.
Unter Kyaxares II. erlangt das Mederreich seine größte Ausdehnung. Später wird es Kyros II. gelingen, das persische Großreich zu begründen.

um 600 v. Chr.
König Nebukadnezar II. lässt auf den Terrassen seines Palastes in Babylon Gärten anlegen, die seine junge Frau Semiramis an die Landschaft ihrer persischen Heimat erinnern sollen. Die „Hängenden Gärten" gelten später als eines der sieben Weltwunder.

Perikles, Namensgeber eines ganzen Zeitalters

472 v. Chr. macht Perikles zum ersten Mal öffentlich von sich reden. Er ist Chorege* in der Tragödie *Die Perser* von Aischylos. Unter seiner Führung erreicht Athen später den Höhepunkt seiner Macht.

Ein geschickter und gerechter Politiker

Von 459 v. Chr. an wird Perikles mit verschiedenen politischen Aufgaben betraut. Er wird 14-mal hintereinander zum Strategen gewählt (*siehe S. 17*). Auf diese Weise wird er nach und nach zum wahren Herrscher Athens. Ein Zeitgenosse, der Historiker Thukydides, sagt über ihn: „Dem Namen nach war Athen eine Demokratie, in Wahrheit jedoch die Herrschaft des ersten Mannes." Seine selbst von Feinden anerkannten Fähigkeiten als Redner, aber auch Aufrichtigkeit und Gerechtigkeitssinn machen Perikles zu einem herausragenden Staatsmann. Ihm ist es zu verdanken, dass Bürger für ein politisches Amt entlohnt werden. Er ermöglicht zudem auch niedrigen sozialen Schichten die Teilnahme am demokratischen Prozess.

um 600 v. Chr.
Kolonisten der kleinasiatischen Stadt Phokäa gründen Marseille. Die in der Nähe des Rhonedeltas direkt am Meer gelegene Stadt erlebt einen raschen Aufstieg.*

um 600 v. Chr.
Die Etrusker gründen in Italien einen Bund aus zwölf Städten. Im Gegensatz zu Griechenland wächst dieser Städtebund trotz gemeinsamer Sprache, Kultur und Religion nicht zu einem Staat zusammen.

Ein kämpferischer Heeresführer

Um die Vormachtstellung Athens zu sichern, verstärkt Perikles die Flotte. Er lässt 100 neue Galeeren bauen, mit denen Athen seine Vorherrschaft über die ägäische Küste und die Inseln festigt und auch das Schwarze Meer dominiert; denn auf dem Weg über das Schwarze Meer bezieht die Stadt einen großen Teil ihres Getreides. Um drohenden Angriffen vorzubeugen, wagt Perikles wiederholt militärische Vorstöße gegen die Perser, aber auch gegen Korinth, Ägina, Sparta und Theben.

Ein ehrgeiziger Förderer der Künste

Perikles ist von den besonderen Begabungen des attischen Volkes überzeugt und zwar nicht nur auf dem Gebiet der Politik, sondern auch in der Kunst. Er fördert diese Fähigkeiten und nimmt ehrgeizige Bauvorhaben in Angriff. So lässt er die von den Persern zerstörte Akropolis* wieder aufbauen. Dabei entstehen die Propyläen als monumentaler Westeingang, der Erechtheiontempel und der berühmte Parthenontempel. Perikles beauftragt den Bildhauer Phidias, eine riesige Bronzestatue der Athena zu schaffen, die die Akropolis* überragen soll. Eine weitere Statue der Göttin aus Gold und Elfenbein soll das Innere des Parthenon schmücken. Das Bauprojekt dauert 40 Jahre und bildet ein einzigartiges architektonisches Ensemble.

Auch die großen griechischen Dramendichter wie Sophokles und Euripides (*siehe S. 71*) schaffen in dieser Zeit ihre Werke. Perikles gelingt es, Herodot, den „Vater der Geschichtsschreibung", sowie den Architekten Hippodamos von Milet, der wahrscheinlich die Stadt Piräus entworfen hat, nach Athen zu holen. Selbst der führende Vertreter der Sophisten, der Philosoph Protagoras (*siehe S. 72*), kommt nach Athen.

Die herausragende Stellung Athens soll Fremden schon von weitem ins Auge stechen. Deshalb lässt Perikles die Gebäude der Akropolis aus weißem Marmor errichten. Man wirft ihm vor, Unsummen für die Baudenkmäler zu verschwenden, doch seiner Meinung nach ist Athen das wert. Noch heute, 2500 Jahre später, ist die Akropolis* eines der imposantesten Bauwerke der Welt.*

Perikles lässt den Fries am Parthenon, dem monumentalen Athenatempel der Akropolis, von Phidias gestalten, einem der begabtesten Bildhauer seiner Zeit. Hier sind Poseidon, Apollon und Artemis zu sehen.*

Der Niedergang Athens

Gegen Ende des 5. Jahrhunderts v. Chr. ist Athens Macht so erdrückend, dass die anderen Städte sie als Bedrohung empfinden. Vor allem Sparta und Korinth stören sich daran, dass für den Attisch-Delischen Seebund (*siehe S. 17*) vorgesehene Gelder für die Verschönerung Athens verwendet werden. Außerdem nimmt sich Athen das Recht heraus, sich in die inneren Angelegenheiten der anderen Städte einzumischen. 431 v. Chr. bricht der Peloponnesische Krieg aus, in dessen Folge Attika 429 v. Chr. von den Armeen Spartas und Korinths verwüstet wird. Perikles zieht daraufhin die attische Bevölkerung innerhalb der Mauern von Athen und Piräus zusammen, wo die Pest ausbricht. Auch Perikles stirbt im September des gleichen Jahres an der Pest. Es dauert jedoch noch weitere 25 Jahre, bis sich Athen endgültig unterwirft. Die Macht der Stadt schwindet.

UNTER DEM EINFLUSS ASPASIAS

Nachdem seine erste Ehe geschieden wurde, heiratet Perikles die aus Milet stammende Aspasia. Trotz aller Anfeindungen gegen sie liebt er diese Frau aufrichtig. Aspasia ist intelligent und gebildet, eine Schülerin von Sokrates (siehe S. 72). Sie führt einen Salon, in dem sich die klügsten Köpfe ihrer Zeit treffen. Es heißt, sie habe großen Einfluss auf die Politik Athens gehabt.

um 597 v. Chr.
Der babylonische König Nebukadnezar II. erobert Jerusalem und entführt die dortige Herrscherfamilie nach Babylon. Zehn Jahre später werden Jerusalem und der Tempel während einer Revolte zerstört.

um 594 v. Chr.
Solon, attischer Staatsmann und Gesetzgeber, wird zum Archon gewählt. Er erlässt den Bauern die Schulden, erleichtert die Ansiedlung auswärtiger Handwerker und Händler, führt eine einheitliche Währung ein und schafft die Basis für eine demokratische Verfassung.*

Spartas eigene Welt

Der große Rivale Athens ist die kriegerische Stadt Sparta im Süden des Peloponnes. Da sich die Spartaner den Großteil ihres Territoriums mit Gewalt angeeignet haben, müssen sie sich ab dem 6. Jahrhundert v. Chr. vor möglichen Gegenschlägen und Verschwörungen schützen. Nur strengste Organisation und Disziplin halten die Ordnung aufrecht und macht aus Sparta eine Welt für sich.

Klare Regeln

Die spartanische Gesellschaft teilt sich in drei Klassen: Da sind zum einen die Spartiaten, die adligen *homoioi* (die „Gleichen"). Diese elitäre Minderheit, die von den Gründervätern Spartas abstammt, beherrscht die Stadt. Zum anderen gibt es die Perioken („die von außen kommen"), die im Umland der Stadt leben. Sie sind zwar freie Menschen, haben aber keinerlei politischen Rechte. Die Heloten schließlich bilden die große Gruppe der rechtlosen Sklaven, sie sind Eigentum des Staates. Als besitzlose Diener leisten sie die Hausarbeit und bestellen die Felder. Die Bürger dürfen über Leben und Tod eines Heloten frei entscheiden.

Im Mittelpunkt steht der Krieg

Bis zum 6. Jahrhundert v. Chr. unterscheidet sich Sparta kaum von anderen griechischen Städten. Doch die von den Spartiaten unterworfene Bevölkerung revoltiert. Sparta reagiert und entwickelt eine rigorose neue Verfassung. Die Künste werden verboten, Ausländer verbannt, Handwerk und Landwirtschaft verlieren an Ansehen. Im Gegenzug wird das Militär mit allen Mitteln gefördert. Von nun an widmen sich die Spartiaten ausschließlich der Kriegsführung. Kinder, die von schwächlicher Statur sind, werden deshalb getötet.

480 v. Chr. greifen die Perser Griechenland erneut an. Der spartanische König Leonidas, der hier seine Truppen in die Schlacht schickt, versucht vergeblich, die Feinde an den Thermophylen, einem Engpass zwischen Meer und Gebirge, aufzuhalten. Leonidas kämpft mit seinen 300 Spartiaten bis zum letzten Mann.

um 570–500 v. Chr.
In dieser Zeit lebt der Mathematiker und Philosoph Pythagoras. Von ihm stammt der Lehrsatz, wonach man die Länge der dritten Seite eines Dreiecks berechnen kann, wenn man die Länge der beiden anderen Seiten kennt. Er hat auch die Multiplikationstafel entwickelt.

um 561 v. Chr.
Peisistratos nimmt mithilfe einer großen Armee Athen ein und wird Tyrann. Mit Unterstützung der armen Bauern betreibt er eine großzügige und erfolgreiche Politik. Er fördert die Künste und lässt Münzen mit dem Bildnis Athenas und der Eule prägen.

Die spartanische Erziehung

Sowohl in Athen als auch in Sparta kommen die Jungen im Alter von sieben Jahren in die Schule. Der attische Schüler darf weiterhin zu Hause wohnen bleiben, während die Jungen in Sparta von ihren Eltern getrennt werden. Sie gelten als Eigentum des Staates und werden in Kasernen untergebracht. Schwerpunkt ihrer Ausbildung ist ein intensives körperliches Training. Die Ausbildung wird von einem *paidotribes* überwacht, der von bewaffneten Aufsehern, den *mastigophoroi*, unterstützt wird. Lesen und Musik werden auch gelehrt, aber nur in bescheidenem Umfang. Die Kinder lernen, sich kurz und knapp zu fassen und dabei klare Aussagen zu machen. Daher stammt der noch heute gebräuchliche Begriff „lakonisch" (die Region rund um Sparta heißt Lakonien). Mit 16 Jahren wechselt der junge Spartaner die „Klasse". Sein Leben wird noch strengeren Regeln unterworfen. Mit 20 Jahren kann er in die Kryptia, eine Art Stadtpolizei, einberufen werden. Vollbürger wird der Spartaner mit 30 Jahren. Jetzt darf er eine Familie gründen und an den Syssitien, den Speisegemeinschaften der Männer, teilnehmen, allerdings nur bis zum 60. Lebensjahr.

Die Frauen in Sparta haben mehr Freiheiten als die Frauen anderer griechischer Städte. Sie erhalten eine schulische und eine sportliche Ausbildung. Da ihre Männer oft im Krieg sind und deshalb zu Hause fehlen, übernehmen sie die alltäglichen Arbeiten.

Der Spartaner ist sein Leben lang Soldat. Zu seinem Schutz trägt er einen bronzenen Helm mit einem Kamm. Gleichfalls zum Schutz dient ein Schild, häufig mit dem Buchstaben Lambda *(L) geschmückt. L steht für Lakedaimon, den ursprünglichen Namen Spartas. Die Lanze ist in der Mitte mit einer Lederschnur umwickelt, wodurch ein fester Halt gewährleistet wird. Die Farbe der Tunika ist rot, um Blutspuren einer eventuellen Verletzung verbergen zu können.*

DER SPARTANERJUNGE UND DER FUCHS

Der griechische Geschichtsschreiber Plutarch beschreibt die gnadenlose Erziehung der Spartaner. Plutarch erzählt von einem Jungen, der einen Fuchs gestohlen hatte und ihn unter seinem Mantel versteckte. Der Fuchs begann dem Jungen die Eingeweide aus dem Bauch zu fressen. Doch der Junge ließ das Tier nicht los und starb lieber als entdeckt zu werden.

560 – etwa 480 v. Chr.
Lebenszeit Buddhas (der „Erleuchtete"). Der Begründer des Buddhismus wird in Nordindien geboren. Nach seiner Vorstellung werden die Menschen so oft wiedergeboren, bis sie den Zustand der völligen Wunschlosigkeit (Nirwana) erreicht haben.

um 560 v. Chr.
In Ephesos in Kleinasien wird zu Ehren der Göttin Artemis ein kolossaler Marmortempel geweiht, der heute als eines der sieben Weltwunder gilt. Da Artemis die Göttin der Natur und der Tierwelt ist, umgibt den Tempel ein großer Tierpark.

Die Kriegsflotte

Die Vormachtstellung Athens im 5. Jahrhundert v. Chr. beruht vor allem auf seiner mächtigen Flotte. Da die Stadt nicht direkt am Mittelmeer liegt, ankern die 300 kampfbereiten Kriegsschiffe im Hafen von Piräus.

Lange und schmale Schiffe

Im Gegensatz zu den Handelsschiffen (*siehe S. 14–15*) sind die Kriegsschiffe lang und schmal. Sie verfügen zwar über Segel, werden aber meist durch Ruderer angetrieben, besonders während des Kampfes. Diese Technik und die schlanke Form haben viele Vorteile: Die Schiffe sind selbst bei einer Flaute leicht zu manövrieren und erreichen rasch eine hohe Geschwindigkeit. Auf einer Pentere sitzen 50 Ruderer in einer Reihe, weshalb dieses Kriegsschiff auch „Einreiher" genannt wird. In einem „Zweireiher" sind zwei Ruderreihen übereinander angelegt. Doch die Schiffe, die im 5. Jahrhundert v. Chr. die Überlegenheit der attischen Flotte ausmachen, sind die Trieren. Sie werden von 170 Ruderern in drei Reihen fortbewegt. Trieren sind im Durchschnitt 35 m lang und nur 5 m breit.

Diese Schale zeigt vier griechische Kriegsschiffe mit gesetzten Segeln. In der Mitte reitet Poseidon (siehe S. 31) auf einem Meeresungeheuer.

Der Rammsporn am Bug der griechischen Triere ist eine gefährliche Waffe. Manchmal ist der Bug auch mit zwei großen Augen geschmückt, die die Feinde einschüchtern und das Böse abwenden sollen.

Damit sich die Männer nicht gegenseitig behindern, sind auf Schiffen mit mehreren Ruderreihen die Ruderplätze übereinander versetzt angeordnet.

um 560 v. Chr.
Der Dichter Thespis reist mit einem Wagen durch Griechenland, um seine Stücke aufzuführen. Er ist der erste Schauspieler Griechenlands.

560 v. Chr.
König Kroisos von Lydien, einem an der Ägäis gelegenen Staat in Kleinasien, unterwirft alle griechischen Städte der Region außer Milet. Lydien wird zu einem reichen und mächtigen Königreich.

Die Mannschaft der Triere

Die Ruderer sind keine Sklaven und auch keine Gefangenen, sondern ausgebildete Seeleute, die gut bezahlt werden. Ihre Befehle erhalten sie vom *keleustes*. Dieser wird von einem Flötenspieler unterstützt, der den Ruderern den Schlagtakt vorgibt. Das Kommando auf der Triere hat der *triarch*, der meist gar kein Seemann ist. In der Regel bestimmt die jeweilige Stadt für diese Funktion einen reichen Bürger, der die Ehre hat, ein Jahr lang die Finanzierung der Triere zu übernehmen. Ihm zur Seite stehen der *kybernetes* als Kapitän des Schiffes und der Steuermann. Etwa zehn Matrosen sind für die Ausführung der verschiedenen Manöver zuständig. Komplettiert wird die Mannschaft durch etwa 20 Soldaten. Dabei handelt es sich um Hopliten und Bogenschützen (*siehe S. 24–25*), die im Falle eines Kampfes bereits aus der Distanz angreifen können.

DIE SCHLACHT VON SALAMIS

Im Verlauf des Zweiten Perserkrieges wird Athen 480 v. Chr. erneut von der persischen Flotte angegriffen, die nun von König Xerxes befehligt wird. Sie umfasst 465 schwer bewaffnete Schiffe. Als sich die mächtige Flotte der griechischen Küste nähert, trifft sie auf die 300 Kriegsschiffe der Griechen. Für die Perser scheint der Kampf schon gewonnen. Die Griechen jedoch täuschen ihren Rückzug nur vor und lotsen den Feind in die schmale Meeresstraße zwischen der Insel Salamis und dem Festland. Als die persischen Schiffe die engste Stelle durchfahren wollen, wenden die griechischen Schiffe plötzlich. Ihre Rammschnäbel bohren sich in die Schiffe der Gegner und versenken diese mitsamt der Besatzung. Eine Katastrophe für die Perser: Ihre mächtigen Schiffe sind schwer zu manövrieren und versperren sich gegenseitig den Weg. 200 Schiffe werden vernichtet, der Rest der Flotte flieht.*

Den Gegner versenken

Auf den Kriegsschiffen der Griechen ist nur für eine geringe Zahl von Soldaten Platz. Vor allem die Athener haben die Strategie entwickelt, die Schiffe der Gegner nicht zu erobern, sondern zu versenken. Um dieses Ziel zu erreichen, steuern die Griechen ihr Schiff mit voller Geschwindigkeit frontal in die Seite des gegnerischen Schiffes und schlitzen es mit dem mächtigen bronzenen Rammschnabel auf. Auch die Ruder der Gegner sollen durch waghalsige Manöver ganz nah am feindlichen Kriegsschiff zerstört werden. Derartige Attacken haben allerdings den Nachteil, dass sie für den Angreifer ebenso gefährlich sind wie für die angegriffenen Feinde.

559–550 v. Chr.
Kyros II. besiegt die Meder und begründet das Persische Reich, das sich im Osten bis an den Indus erstreckt. Die griechischen Stadtstaaten in Kleinasien werden zu Satrapien, deren Statthalter den Titel Satrape („Beschützer des Reiches") tragen.

um 551 v. Chr.
Der chinesische Philosoph Konfuzius wird geboren. Er widmet sein Leben der Erziehung seiner Schüler und lehrt sie Tugendhaftigkeit, Respekt, Hilfsbereitschaft, Streben nach Harmonie sowie die Weitergabe der Weisheit.

Der Pilos, ein einfacher Filzhelm, wird in großen Mengen hergestellt.

Der immerwährende Krieg

In Griechenland gehört Krieg zum Alltag. Es gibt ständig Konflikte zwischen den Stadtstaaten sowie Angriffe von außen. Jeder Grieche zwischen 20 und 50 Jahren kann zu den Waffen gerufen werden. Ist der Kampf beendet, kehren die Männer wieder in ihr Alltagsleben zurück – bis zum nächsten Krieg.

Illyrischer Helm. Reiche Hopliten geben ihn an den Sohn weiter.

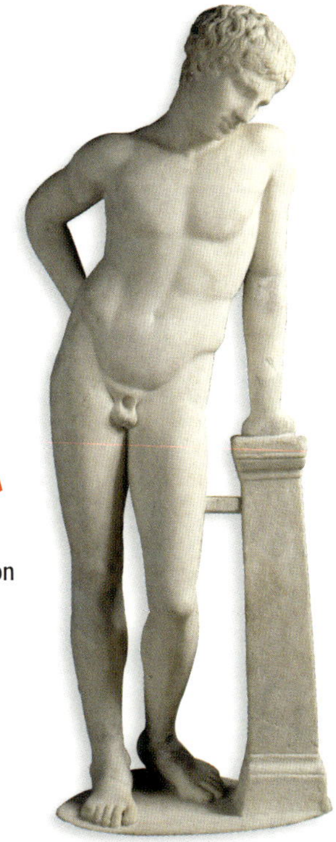

Die Epheben

In Athen werden die jungen Männer aus adligen Familien nach ihrem Schulabschluss mit 18 Jahren zu Epheben. Danach beginnt eine zweijährige intensive Militärausbildung. Im ersten Jahr leben die Epheben in Kasernen nahe ihrer Heimatstadt und werden in allen Waffengattungen ausgebildet: Schwert, Lanze, Speer, Bogen und Steinschleuder. Im zweiten Jahr werden sie in die Garnison einer Grenzstadt verlegt, wo sie ihren Dienst als Grenzwächter versehen. Die jungen Soldaten müssen selbst für ihre Ausrüstung sorgen. Nur die reichsten können sich ein Pferd leisten und Reitersoldat werden. Alle anderen werden Hopliten.

Korinthischer Helm, der besonders Nase und Wangen schützt

Die Hopliten

Der Hoplit ist ein schwer bewaffneter Infanterist*. Er trägt einen massiven, reich verzierten Schild, den *hoplon*. Im 5. Jahrhundert v. Chr. ist der Hoplit mit einem Bronzehelm ausgerüstet, der mit einem Busch aus Pferdehaaren geschmückt ist. Er hat außerdem einen Brustpanzer aus verklebten Leinenschichten, der manchmal mit Metallplättchen bedeckt ist. Die Beine werden durch bronzene Beinschienen geschützt. Bewaffnet ist der Hoplit mit einem kurzen Eisenschwert und einer Stoßlanze, die nicht länger als 2,50 m ist. Auf dem Schlachtfeld rücken die Hopliten in einer geschlossenen Formation vor, der Phalanx. Die Lanze ist nach vorne und der Schild zum Schutz des Nachbarn zur Seite gerichtet.

Geschlossener korinthischer Helm. Seh- und Hörvermögen sind eingeschränkt.

Korinthischer Helm mit Ohröffnungen, um das Hören zu erleichtern

545 v. Chr.
Die Perser nehmen Phokäa in Kleinasien ein. Teile der Bevölkerung müssen auswandern und gründen auf Korsika eine neue Kolonie.

539 v. Chr.
Kyros II. erobert Babylon. Damit geht das Babylonische Reich unter. Der König von Jerusalem und seine Familie, die seit 60 Jahren in der Stadt festgehalten werden, sind frei und können in die Heimat zurückkehren.

Die Peltasten
Söhne aus weniger wohlhabenden Familien werden nicht so gut ausgebildet wie die Epheben. Im Fall eines Krieges werden aber auch sie eingezogen und dienen der Truppe als Peltasten. Ihre Ausrüstung ist einfach. Sie tragen Speere und einen Rundschild aus Holz, die *pelte*. Dadurch sind sie beweglich und können gegnerischen Attacken ausweichen.

Die Bogenschützen
Die Bogenschützen zählen zu den leicht bewaffneten Truppen. Ihre Aufgabe ist es, die Feinde aus der Entfernung anzugreifen. Deshalb tragen sie keinen Schild. Ihr gewaltiger Bogen besteht aus einem Holzschaft, der mit Horn und Tiersehnen verstärkt ist.

Die Steinschleuderer
Wie die Bogenschützen halten auch die Steinschleuderer Abstand zum Kampfgeschehen und lassen Steingeschosse auf die Angreifer hageln. Ihre Ausrüstung ist bescheiden. Sie tragen neben ihrer Schleuder einen Beutel mit Steinen, einen kleinen Rundschild und einen einfachen Lederhelm.

OHNE SCHILD EIN DESERTEUR

Der Schild des Hopliten ist innen mit Leder, außen mit Bronze überzogen und hat einen hölzernen Griff. Zum Schutz der Beine ist manchmal auf der Vorderseite des Schildes noch ein langer Lederlappen angebracht. Jeder hoplon *ist individuell geschmückt und geht vom Vater auf den Sohn über. Wenn ein Soldat jedoch in großer Gefahr ist, kann es passieren, dass er seinen störenden Schild zurücklässt, was ihm den Namen* ripsaspis *(„Schildwerfer") einträgt. Im Neugriechischen bedeutet dieses Wort Deserteur.*

Die Reiter
Zu Beginn des 5. Jahrhunderts v. Chr. gibt es nur wenige Soldaten zu Pferd. Sie sind mit einer Lanze bewaffnet und tragen nur eine einfache Lederkappe, manchmal auch einen leichten Brustpanzer. Sie reiten ohne Sattel und ohne Steigbügel. Die Aufgaben der Reiter sind überwiegend defensiver Art. Meist halten sie sich am Rand des Kampfgeschehens auf und versuchen die Angriffe der Feinde zu stören. Sie werden auch als Kundschafter eingesetzt und verfolgen Flüchtende nach dem Ende der Schlacht.

534 v. Chr.
Während des großen Festes zu Ehren von Dionysos findet in Athen der erste Dichterwettstreit statt. Dionysos gilt auch als Schutzheiliger des Theaters.

525 v. Chr.
Kambyses II., Nachfolger von Kyros II. auf dem persischen Thron, führt die Eroberungspolitik fort und dringt nach Ägypten vor. Die persische Besatzung dauert 121 Jahre und begründet die 27. Dynastie.

Alexander der Große, Gründer eines Weltreichs

Im 4. Jahrhundert v. Chr. bringt Griechenland seinen erfolgreichsten Feldherrn hervor: Alexander den Großen. Er unterwirft die Perser, die 200 Jahre lang immer wieder versucht hatten, Griechenland zu erobern. An der Spitze einer schlagkräftigen Armee verbreitet er die griechische Zivilisation bis nach Indien.

Zwei Eroberer: Vater und Sohn

Das Vorbild des jungen Alexander ist sein Vater, König Philipp II. von Makedonien. Zu dieser Zeit werden die Makedonen von den Griechen nicht als Hellenen anerkannt, während sie sich selbst jedoch als vollwertige Griechen betrachten. Philipp setzt sich das Ziel, sein Herrschaftsgebiet auf ganz Griechenland auszudehnen. Ab 359 v. Chr. beginnt er, die griechischen Städte zu unterwerfen; häufig mit Gewalt, aber auch durch Verhandlungen und Bündnisse. Philipp rüstet weiter auf. Mit Ausnahme von Sparta zwingt er die griechischen Städte, ihn als obersten Heerführer anzuerkennen. Damit verlieren sie zwar ihre Selbstständigkeit, doch zum Ausgleich verspricht ihnen der König die Eroberung Persiens.

König mit 20 Jahren

Als Philipp II. von Makedonien 336 v. Chr. ermordet wird, ist sein Sohn und Nachfolger Alexander gerade erst 20 Jahre alt. Der berühmte Philosoph Aristoteles (*siehe S. 72–73*) hat ihn ganz im Sinne der griechischen Kultur erzogen. Alexander verfolgt die gleichen Ziele wie sein Vater. Schon früh von Philipp in seine militärischen Pläne eingebunden, erweist sich Alexander als geschickter Taktiker. Als er König von Makedonien wird, verfügt er über eine gut ausgebildete und schlagkräftige Armee. In nur zwei Jahren führt Alexander das Vorhaben seines Vaters erfolgreich zu Ende und eint das Land, bevor er zu seinem Feldzug gegen die Perser aufbricht.

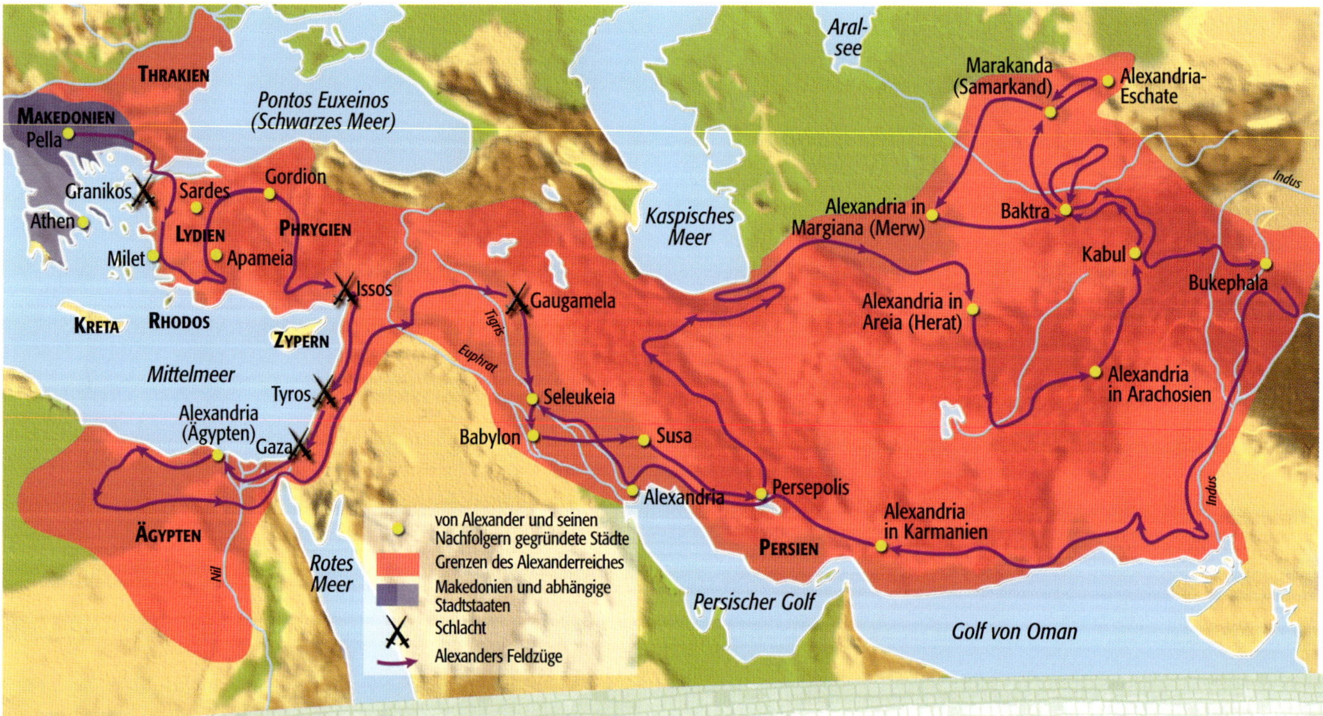

522 v. Chr.
Der persische Herrscher Dareios I. beginnt, einen monumentalen Palast zu errichten. Seine Nachfolger bauen weiter, besonders Xerxes I. Der Palast ist aber selbst zu Alexanders Zeiten noch nicht vollendet.

510 v. Chr.
In Athen gründet Kleisthenes die Partei der Demokraten und reformiert die Staatsordnung: Die bule umfasst nun 500 Abgeordnete. Die ekklesia wird oberste Entscheidungsinstanz und das Beamtensystem grundlegend verändert.

Aufbruch gen Osten

334 v. Chr. überquert Alexander den Hellespont und betritt asiatischen Boden. Die riesige Armee unter Dareios III. umfasst etwa 600 000 Mann und verfügt über zahlreiche Streitwagen. Alexanders Streitmacht hingegen besteht lediglich aus 30 000 Infanteristen* und 5000 Reitern. In der Schlacht von Gaugamela teilt der Makedone seine Truppen auf. Mit dieser Taktik, ihrer Beweglichkeit und ihrer besseren Bewaffnung gelingt es, die Streitwagen des Feindes zu umzingeln. Pferde und Wagenlenker werden von den Pfeilen der Bogenschützen und den Geschossen der Steinschleuderer zu Fall gebracht. Alexander selbst führt eine Gruppe von Reitern an, die die Linien der Perser durchbricht und ihre Niederlage besiegelt. Sein Mut, in vorderster Reihe, gekämpft zu haben, trägt dem jungen König die Bewunderung und die Treue seiner Armee ein.

ALEXANDER UND BUKEPHALOS

Philipp von Makedonien besitzt einen Hengst, den niemand reiten kann. Der junge Alexander beobachtet das Tier in seinem Stall. Ihm fällt auf, dass es sich vor seinem eigenen Schatten fürchtet. Er kommt auf die Idee, den Hengst mit dem Gesicht zur Sonne zu stellen, damit er seinen eigenen Schatten nicht sieht. Alexander gelingt es, den wilden Bukephalos zu zähmen. Als sein geliebtes Pferd in Indien stirbt, lässt Alexander ihm ein Grabmal bauen und nennt die Stadt, in der das Grabmal steht, Bukephala.

Ruhm und Tod

Danach ist der persische Widerstand gegen Alexander gebrochen. Seine Baumeister übertreffen sich in der Konstruktion immer neuer, schier unglaublicher Kriegsmaschinen (*siehe S. 28–29*). Alexander eilt von Sieg zu Sieg und erreicht schließlich Ägypten, wo er die Stadt Alexandria gründet. Dann zieht er weiter gen Osten. 327 v. Chr. erreicht er das Industal, wo er sich Schlachten mit der indischen Armee und deren Kriegselefanten liefert. Von dort zurückgekehrt, stirbt Alexander 323 v. Chr. in Babylon an Fleckfieber. Er wird nur 33 Jahre alt. Sein riesiges Reich, das er in so kurzer Zeit geschaffen hat, überlebt seinen Schöpfer nicht: Schon kurz nach seinem Tod teilen seine fünf wichtigsten Feldherren das Gebiet unter sich auf. Sofort entbrennt ein heftiger Machtkampf unter den Nachfolgern.

Vor dem Angriff der indischen Armee soll Alexander gesagt haben: „Endlich eine Aufgabe, die meiner würdig ist: Hier haben wir es mit ganz besonderen Menschen und Tieren zugleich zu tun."

DER GORDISCHE KNOTEN

In einem Tempel der Stadt Gordion in Kleinasien gibt es einen überaus komplizierten Knoten, den der Stadtgründer Gordias geknüpft hat. Es heißt, dass derjenige, der den Knoten lösen könne, Herr über die ganze Welt werde. Alexander nimmt die Stadt ein, betritt den Tempel und schlägt den Knoten einfach mit dem Schwert entzwei!

509 v. Chr.
Tarquinius Superbus, der letzte römische König, wird von den Römern verjagt. Die Römer rufen die Republik aus. Der Etrusker Porsenna versucht das Gebiet zurückzuerobern, aber die Römer leisten Widerstand und zwingen die Etrusker dazu, sich zurückzuziehen.

um 500 v. Chr.
Die Kelten, die bereits Germanien und den Osten Galliens erobert haben, ziehen weiter nach Süden. Dank der Überlegenheit ihrer Eisenwaffen gelingt es ihnen nach und nach, in den Balkanraum und nach Kleinasien vorzustoßen.

Griechenland – eine Festung

Seit der mykenischen Epoche haben die Griechen den Bau von Befestigungsanlagen vernachlässigt. Doch mit Alexanders Feldzügen werden die Belagerungsmaschinen immer gefährlicher. Deshalb beginnen die Griechen im 4. Jahrhundert v. Chr. mit der Entwicklung ausgeklügelter Verteidigungssysteme.

Gewaltige Kriegsmaschinen

Unter Alexander dem Großen gehören auch Ingenieure zur Armee. Sie sind für den Bau und den Einsatz der Belagerungsmaschinen zuständig. Da jede Belagerung unter anderen Bedingungen stattfindet, werden Maschinen entwickelt, die der jeweils belagerten Stadt und deren Verteidigung angepasst sind. Oft ist schon das Erreichen der Stadtmauer keine leichte Aufgabe. Meist müssen die Schutzgräben rund um die Stadt zugeschüttet werden. Sind die Mauern sehr hoch, müssen Holztürme errichtet werden, um sie überwinden zu können. Teilweise werden die Mauern unterhöhlt, damit sie leichter zusammenbrechen. Eine Stadt zu belagern ist eine sehr kostspielige Angelegenheit. Deshalb versuchen die Angreifer, wenn möglich, mit einer List oder aber durch Bestechung in die Stadt vorzudringen.

Hohe Belagerungstürme auf Rollen, verkleidet mit Metallplatten, sind höher als die Befestigungsmauern und pro Stockwerk mit einem Katapult ausgerüstet.

Die gastraphetes *ist eine starke Armbrust, deren Pfeile auch über eine große Distanz Brustschilde durchschlagen können.*

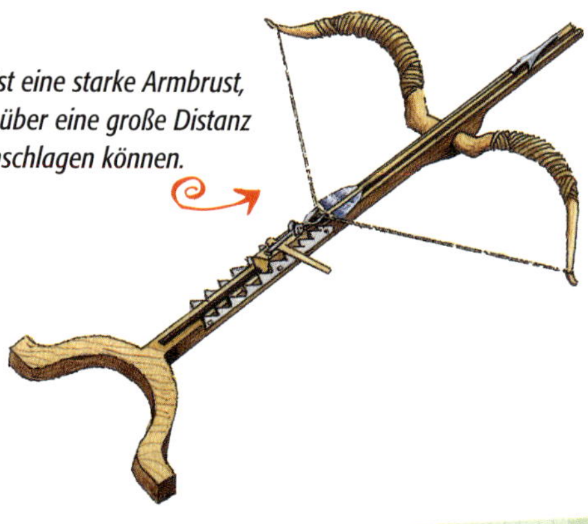

um 500 v. Chr.
Im Gebiet des heutigen Mexiko entwickeln die Olmeken erste Schriftzeichen. Weiter südlich entsteht die Maya-Kultur. In den Anden wird das Lama zum Nutztier.

um 500 v. Chr.
In Vix in Burgund wird eine keltische Prinzessin unter einem Grabhügel beerdigt. Ihr Leichnam ist geschmückt und von Gegenständen der frühgriechischen Epoche umgeben, darunter eine große, herrlich verzierte Bronzevase.

Die Befestigungsanlage: Schutz und Prestigeobjekt

Den immer ausgefeilteren Belagerungsmaschinen begegnen die Städte im Mittelmeerraum mit beeindruckenden Befestigungsmauern. Diese Mauern haben eine doppelte Bedeutung: Sie sind zum einen ein schwer zu überwindendes Hindernis für feindliche Angreifer und betonen zum anderen den Reichtum der Stadt, die sie umgeben. Die Mauern umschließen meist nicht nur den Stadtkern, sie schützen auch einen ausgedehnten Bereich in der Umgebung. Hier können im Falle einer Belagerung Äcker angelegt werden, um die Versorgung mit Nahrung zu sichern. Aber gerade die Ausdehnung der Maueranlage stellt auch ein Problem für die Städte dar. Sie sind häufig nicht in der Lage, die Mauern auf der ganzen Länge mit Wachen zu besetzen. Die Stadt Herakleia am Latmos in Kleinasien muss deshalb mehrere Kilometer ihrer Stadtmauern wieder abreißen.

Die Stadt Messene auf dem Peloponnes ist im 4. Jahrhundert v. Chr. von einem mächtigen Verteidigungsring umgeben, der nicht nur die Stadt, sondern auch Felder und Weiden umschließt.

ARCHIMEDES VERTEIDIGT SYRAKUS

Die griechische Stadt Syrakus auf Sizilien wird 213 v. Chr. von den Römern belagert. Dort lebt zu dieser Zeit auch Archimedes, einer der größten Wissenschaftler der Antike. Um seine Heimat erfolgreich verteidigen zu können, entwickelt er außergewöhnliche Maschinen: Er konstruiert gewaltige Katapulte und hat die Idee, unter Wasser mächtige Greifzangen zu befestigen, die mithilfe von Riemen feindliche Schiffe zum Kentern bringen sollen. Die ihm zugeschriebene Erfindung von Brennspiegeln, die von weitem die römische Flotte in Brand steckte, ist dagegen wohl eher Legende.

Die Artillerie

Auch die Artillerie entwickelt sich weiter. Um eine Stadt besser angreifen oder effektiver verteidigen zu können, kommen Maschinen zum Einsatz, die nach dem Prinzip der Katapulte funktionieren. Ihre runden Steingeschosse können sogar dünne Mauern durchschlagen und eine ganze Armee in die Flucht schlagen. Die Katapulte vor Syrakus z. B. können ihre Munition über 200 m weit schleudern.

Der lithobolit *oder „Steinwerfer" ist eine riesige Armbrust, mit der Steingeschosse gegen die Festungsmauer geschleudert werden.*

500–494 v. Chr.
Aufstand der Ionier gegen die Perser. Ihr Anführer ist Aristagoras, der Tyrann von Milet. Trotz anfänglicher Verluste sind die Perser siegreich und zerstören Milet.

490 v. Chr.
Aus Protest gegen ihre Ohnmacht bei politischen Entscheidungen zieht sich eine bewaffnete Gruppe römischer Bürger auf den Aventin zurück. Erst als auf ihren Druck hin Volkstribune zur Wahrnehmung ihrer Interessen eingesetzt werden, kehren sie zurück.

Die griechischen Götter

Trotz ihrer magischen Kräfte und ihrer Unsterblichkeit verhalten sich die griechischen Götter durchaus menschlich. Ungerecht und launisch gehen sie Allianzen mit einzelnen Städten ein und tragen oft heftige Auseinandersetzungen aus.

Hermes (römisch: Merkur)
Gott der Reisenden, der Händler und der Diebe
Hermes ist der Sohn des Zeus und der Nymphe Maia. Mit seinem Schalk und seiner Listigkeit gefällt er Zeus und wird im Olymp aufgenommen. Hermes wird zum Götterboten und begleitet die Seelen der Sterbenden ins Reich der Toten.

Athena (römisch: Minerva)
Göttin des Krieges und der Weisheit
Athena ist vollständig bewaffnet dem Haupt ihres Vaters Zeus entstiegen. Im Gegensatz zu Ares, der für die Gewalt des Krieges steht, ist Athena Symbol für die Kriegsstrategie. Die Göttin der Klugheit, der Vernunft und der Wissenschaft ist die Schutzpatronin Athens.

Zeus (römisch: Jupiter)
Gott des Himmels und höchste Gottheit
Der Sohn von Kronos und Rhea entkommt bei seiner Geburt nur knapp dem Tod. Als Kronos erfährt, dass er von einem seiner Kinder entthront werden soll, beschließt er, sie nach der Geburt zu verschlingen. Rhea wickelt statt des Säuglings einen Stein in die Windeln und bringt dieses Bündel ihrem Gemahl, der es verschlingt. Zeus ist gerettet.

Hephaistos (römisch: Vulkanus)
Gott des Feuers und der Schmiedekunst
Hephaistos, Sohn von Zeus und Hera, ist so hässlich, dass Zeus ihn vom Olymp wirft. Seitdem hinkt Hephaistos. Als Schmied der Götter fertigt er die Blitze von Zeus, die Pfeile von Artemis und Apollon und die Rüstung von Achilles (*siehe S. 10*).

Aphrodite (römisch: Venus)
Göttin der Liebe und der Schönheit
Die Tochter des Zeus und der Nymphe Dione wird wegen ihrer außergewöhnlichen Schönheit von den Göttern begehrt. Alle wünschen sie sich zur Frau. Auf Veranlassung von Zeus heiratet sie Hephaistos, den hässlichsten aller Götter.

Hera (römisch: Juno)
Göttin der Ehe und Frau des Zeus
Hera ist sowohl die Schwester als auch die Ehefrau des Zeus. Sie ist ihm treu, was man von Zeus nicht behaupten kann.

490 v. Chr.
Nach dem Sieg in der Schlacht von Marathon im Ersten Perserkrieg schicken die Athener einen Boten in ihre etwa 40 km entfernte Stadt, um den Sieg zu melden. Bei seiner Ankunft sinkt der Bote vor Erschöpfung tot zu Boden.*

485 v. Chr.
Die römischen Adligen (Patrizier) versuchen sich dem wachsenden Einfluss des Volkes (Plebejer) zu widersetzen. Die Adelsfamilien (gentes) sind von nun an isoliert.

Die mächtigsten Götter werden Olympier genannt, da sie auf dem Gipfel des Olymps leben. Dort feiern sie ausschweifende Gelage, an denen auch Zeus, der oberste Gott, teilnimmt. Bei den Griechen gibt es zwölf Götter, die später von den Römern übernommen, aber umbenannt werden. Neben den Olympiern existieren noch viele „Nebengötter". Ihre Zahl ist schier unbegrenzt, da für die Griechen in der Natur alles heilig sein kann. Die wichtigsten Nebengötter sind Dionysos, der Gott des Weines und der Feste, sowie Hades, der Gott der Unterwelt. Beide gehörten ursprünglich auch zu den Olympiern, bevor sie von Hermes und Hestia abgelöst wurden. Weitere bedeutende Götter sind Asklepios, der Gott der Medizin, und Eros, der Gott der Liebe.

Poseidon (römisch: Neptun)
Gott des Meeres
Während sein Bruder Zeus über den Himmel und Hades über die Toten herrscht, ist Poseidon der Herrscher über das Meer. Seine Wutausbrüche sind gefürchtet. Er weckt und besänftigt die Stürme, er kann Erdbeben auslösen, wenn er mit seinem Dreizack gegen einen Felsen stößt, und Quellen sprudeln lassen.

Hestia (römisch: Vesta)
Göttin des Herd- und Opferfeuers
Als Tochter von Kronos und Rhea ist Hestia die älteste der olympischen Götter. Sie verlässt den Olymp nie und ist für dessen Schutz verantwortlich. Während eines Festessens gilt ihr das erste und das letzte Trinkopfer (*siehe S. 38*).

Apollon (römisch: Apollo)
Gott des Lichtes und der Künste
Als Sohn des Zeus und der Nymphe Leto ist Apollon zwar überaus wohlgestaltet, aber auch gewalttätig. In Delphi tötet er den Drachen Python, der das Land verwüstet. Die Priesterin Pythia* ist das Medium, durch das er seine Orakel* verkünden lässt.

Artemis (römisch: Diana)
Göttin der Jagd, manchmal auch mit dem Mond in Verbindung gebracht
Apollons Zwillingsschwester lebt in der freien Natur unter wilden Tieren und wird von Nymphen begleitet. Ihr ist eines der sieben Weltwunder gewidmet, der Artemistempel in Ephesos.

Demeter (römisch: Ceres)
Göttin der Ernte und der Fruchtbarkeit
Gemeinsam mit ihrem Bruder Zeus hat Demeter eine Tochter: Persephone. Sie wird von Hades entführt, der sie nur unter der Bedingung wieder freilässt, dass sie die Hälfte des Jahres bei ihm verbringt. Aus diesem Grund bleibt Demeter im Winter, wenn ihre Tochter nicht bei ihr ist, untätig.

Ares (römisch: Mars)
Gott des Krieges
Ares ist der legitime Sohn von Zeus und Hera. Er wird von den anderen Göttern nicht besonders geschätzt, weil er gewalttätig und grausam ist. Auch die Griechen verehren ihn nicht sehr, keine einzige Stadt hat ihn zum Schutzgott gewählt.

482 v. Chr.
Themistokles will Athen zur wichtigsten Seemacht Griechenlands machen. Im Hafen von Piräus lässt er 180 Kriegsschiffe bauen, die Trieren.

480 v. Chr.
In der Schlacht bei Himera auf Sizilien besiegen die Tyrannen Gelon von Syrakus und Theron von Akragas gemeinsam die Karthager. Aus Dankbarkeit errichten die Griechen zwei Tempel zu Ehren Athenas: den einen in Himera, den anderen in Syrakus.

Griechenland – Land der Helden

Neben einer Vielzahl von Göttern gibt es in Griechenland ebenso viele Helden, die für ihre Abenteuer berühmt sind. Oft stammen sie aus der Verbindung eines Gottes mit einer Sterblichen. Sie verfügen zumeist nicht über göttliche Fähigkeiten, doch hilft ihnen ihr Mut, auch die gefährlichsten Situationen zu meistern.

Der Held: ein außergewöhnlicher Mensch

Die griechischen Helden zeichnen sich durch Tapferkeit, List und Stärke aus. Oft geschehen schon bei ihrer Geburt oder kurz danach außergewöhnliche Dinge: Der Halbgott Herakles z. B. erwürgt schon als Säugling zwei von Hera gesandte Schlangen. Er hat einen göttlichen Vater (Zeus) und eine irdische Mutter (Alkmene). Zeus hatte Alkmene in der Gestalt ihres Ehemannes Amphytrion verführt. Es ist durchaus üblich, dass die Götter eine andere Gestalt annehmen, wenn sie sich unter Menschen aufhalten. So verwandelt sich Zeus in einen weißen Stier, um die phönizische Prinzessin Europa zu entführen. Griechische Helden geraten oft bereits in ihrer Kindheit in gefährliche Situationen oder treffen auf sagenhafte Wesen. Iason wird von einem Zentaur entführt, einem Mischwesen: halb Mensch, halb Pferd. Ein Orakel* verkündet den Eltern von Ödipus kurz nach dessen Geburt, dass er seinen Vater töten und seine Mutter heiraten werde …

Zeus entführt Europa in der Gestalt eines weißen Stieres.

Ödipus antwortet auf die Fragen der Sphinx, einer Furcht erregenden Kreatur mit dem Körper eines Löwen, den Flügeln eines Vogels und dem Kopf einer Frau. Das tragische Schicksal von Ödipus spielt in der griechischen Kultur eine große Rolle (siehe S. 71).

480 v. Chr.
Im Zweiten Perserkrieg stellen sich 300 Spartaner unter Leonidas am Thermophylenpass den persischen Angreifern entgegen, die von Xerxes, dem Sohn Dareios' I., angeführt werden. Sie müssen sich der Übermacht der Perser beugen und sterben auf dem Schlachtfeld.*

480–440 v. Chr.
Die große Zeit des Bildhauers Myron, der für seine Athletenstatuen bekannt ist. Berühmt gemacht haben ihn die Nachbildungen seines Diskuswerfers durch die Römer.

Diese Vase zeigt Theseus im Kampf mit dem Minotaurus. Hinter ihm entrollt Ariadne das Wollknäuel, mit dessen Hilfe der Held das Labyrinth wieder verlassen kann.

Theseus, König von Athen

Die Griechen sind bestrebt, ihre Wurzeln bei den Helden und Göttern zu suchen. Um jede Stadt rankt sich eine Legende. Athen ist eng mit der Person des Helden Theseus verbunden. Eines seiner Abenteuer hat sich in Kreta unter König Minos zugetragen: Minos trauert um seinen Sohn, den die Athener getötet haben. Als Strafe verlangt er, dass ihm die Stadt alle neun Jahre jeweils sieben Jünglinge und Mädchen überlässt. Diese sollen dem Minotaurus, einem menschlichen Wesen mit Stierkopf, das in einem Labyrinth haust, geopfert werden. Theseus gelingt es, den Minotaurus zu töten und mithilfe eines Fadens, den ihm Minos' Tochter Ariadne gegeben hat, das Labyrinth zu verlassen. Bei seiner Rückkehr vergisst er, die schwarzen Segel seines Schiffes gegen weiße zu tauschen, das Zeichen für den Sieg. König Aigeus, vom Tod seines Sohnes überzeugt, stürzt sich ins Meer, das seitdem seinen Namen trägt (Ägäis). Theseus folgt ihm auf den Thron.

Iason und die Argonauten

Iason, Sohn des Königs Aison von Iolkos, wird vor seinem Onkel Pelias, der Aison entmachtet hat, in Sicherheit gebracht und von dem Zentaur Chiron aufgezogen. Älter geworden, kommt er unter fremdem Namen an den Hof seines Onkels zurück. Um den Jungen loszuwerden, schickt Pelias ihn auf eine gefährliche Mission: Er soll das Goldene Vlies holen, das von einem Drachen bewacht wird. Iason sammelt daraufhin eine Gruppe von Helden um sich, unter ihnen Theseus und Herakles. Eigens für diese Mission wird mit Athenas Hilfe das Schiff *Argo* gebaut. Für die „Argonauten" beginnt eine gefährliche Reise voller Abenteuer. Nymphen und Ungeheuer sind ständige Wegbegleiter. Doch Iason erreicht sein Ziel und kehrt in Begleitung der Zauberin Medea triumphierend an den Hof zurück.

Nach dem Abenteuer mit den Argonauten heiraten Iason und Medea. Gemeinsam zeugen sie zwei Kinder. Doch dann verstößt Iason seine Frau, um Kreusa, die Tochter des Königs von Korinth, zu heiraten. Die eifersüchtige Medea ermordet Kreusa und ihre eigenen Kinder. Später heiratet sie Aigeus, König von Athen und Vater des Theseus.

ODYSSEUS, DER MENSCHLICHSTE ALLER HELDEN

Im Gegensatz zu vielen anderen Helden entstammt Odysseus der Verbindung zweier Sterblicher. Seine Kindheit lässt nichts von seinem späteren Schicksal erahnen. Doch seine Listigkeit und sein Einfallsreichtum machen ihn zum Helden. Er ist die zentrale Figur im Epos von Homer* (siehe S. 10–11)*. Die Odyssee erzählt von den zehnjährigen Irrfahrten, die Odysseus schließlich zu seiner treuen Ehefrau Penelope nach Ithaka zurückbringen.*

480 v. Chr.
In der Meerenge bei Salamis besiegen die Griechen mit ihren Trieren die persische Flotte. Die persischen Schiffe lassen sich in dieser Engstelle nur schwer manövrieren. Die Perser verlieren 200 Schiffe, die Griechen weniger als 40.

479 v. Chr.
In Platäa, einer Stadt in Böotien in Mittelgriechenland, wird die persische Armee von den Griechen unter der Führung des Spartaners Pausanias besiegt. Die persische Bedrohung ist damit endgültig abgewendet.

Herakles, stärker als alle

Herakles ist der beliebteste Held der Antike. Er ist der mutigste von allen, Freund und Beschützer in bedrohlichen Situationen. Sein Ruf hat die Jahrtausende überdauert und seine zwölf „Heldentaten" stehen heute für schwierige Aufgaben, die von gewöhnlichen Sterblichen eigentlich nicht gemeistert werden können.

Sohn eines untreuen Gottes

Herakles, den die Römer Herkules nennen, ist der Sohn von Gottvater Zeus und der sterblichen Alkmene, die Zeus mit einer List verführt hat (*siehe S. 32*). Schon bei seiner Geburt ist die Stärke des Jungen offensichtlich. Hera, die eifersüchtige Gemahlin des Zeus, versucht den Säugling zu töten: Sie steckt zwei Schlangen in die Wiege. Die Schlangen werden jedoch von Herakles erwürgt. Doch Heras Hass ist auch Jahre später nicht gestillt. Von Hera mit einem Wahnsinnsanfall geschlagen, tötet Herakles seine Kinder. Um sich von dieser Sünde reinzuwaschen, begibt er sich zum Orakel* von Delphi, das ihm rät, sich in den Dienst von Eurystheus, dem König von Argos, zu begeben. Dort muss er zwölf übermenschliche Aufgaben ableisten ...

DIE BEFREIUNG DES PROMETHEUS

Der Titan Prometheus bringt den Menschen das Feuer, das er aus Hephaistos' Schmiede geraubt hat. Zeus bestraft ihn, indem er ihn an den Felsen Kaukasus fesselt, und schickt einen Adler, der Prometheus die Leber aushackt. Die Leber wächst jedoch nachts immer wieder nach. Gerade als Zeus die Qual beenden will, tötet der aus den Gärten der Hesperiden zurückkehrende Herakles den Adler mit seinem Pfeil und befreit Prometheus.

Herakles wird oft mit dem Fell des Löwen von Nemea dargestellt.

Die Aufgaben des Herakles

Als erste Prüfung muss Herakles den fürchterlichen Löwen töten, der in Nemea Menschen und Tiere verschlingt. Er erwürgt ihn mit bloßen Händen. Danach wartet die Hydra von Lerna auf ihn, ein Ungeheuer mit mehreren Köpfen; die Zahl der Köpfe schwankt je nach Erzähler zwischen fünf und hundert. Bei seinen nächsten Prüfungen muss Herakles einen riesigen Eber und eine blitzschnelle Hirschkuh einfangen sowie die Vögel von Stymphalos töten, die sich von Menschenfleisch ernähren. Er mistet die Ställe des Augias aus, indem er zwei Flüsse umleitet und sie durch die Ställe fließen lässt. Er bringt König Eurystheus den kretischen Stier, der das Land des Minos verwüstet hatte und raubt die vier Fleisch fressenden Stuten des thrakischen Königs Diomedes. Im Reich der Amazonen, dem kriegerischen Frauenvolk, raubt er den Gürtel der Königin. Er tötet das dreileibige Ungeheuer Geryoneus und stiehlt dessen Rinderherden. Mithilfe des Riesen Atlas entwendet er die goldenen Äpfel aus dem von den Hesperiden bewachten Göttergarten. Schließlich entführt er den dreiköpfigen Hund Kerberos, der den Eingang zur Unterwelt bewacht (*siehe S. 52–53*), und bringt ihn ins Totenreich zurück.

479 v. Chr.
Die von den Persern zerstörten Befestigungsmauern Athens werden wieder aufgebaut. Zudem wird die „Lange Mauer" errichtet, die Athen mit seinem Hafen Piräus verbindet und auch im Falle einer Belagerung die Versorgung der Stadt über das Meer sichert.

478 v. Chr.
Unter der Führung Athens entsteht der Attisch-Delische Seebund, eine Koalition, die Griechenland gegen einen möglichen weiteren Angriff der Perser schützen soll.

Von einem Zentaur besiegt

Neben den zwölf Prüfungen erlebt Herakles noch zahlreiche weitere Abenteuer. Der unvergleichliche Held wird Opfer des heimtückischen Zentaurs Nessos. Nachdem Nessos seine Frau Deianeira angegriffen hat, tötet ihn Herakles. Noch im Sterben rächt sich Nessos, indem er der jungen Frau eine kleine Flasche mit seinem Blut anvertraut. Mit diesem Blut soll sie die Tunika ihres Mannes tränken, um seiner Treue sicher zu sein. Doch das Blut enthält ein starkes Gift. Herakles wird von einem unauslöschlichen Feuer verzehrt. Zeus jedoch vergibt seinem Sohn und nimmt ihn in den Olymp auf.

Die Köpfe der Hydra wachsen immer wieder nach, wenn man sie abschlägt. Herakles brennt die Wunden aus, um das Monster zu besiegen.

475 v. Chr.
In China kämpfen mehrere Staaten untereinander um die Vorherrschaft. Das Land ist in unabhängige Königtümer zersplittert, die auf der Feudalherrschaft beruhen, und zerreibt sich in internen Auseinandersetzungen.

474 v. Chr.
Die Bewohner von Syrakus, der wichtigsten griechischen Kolonie auf Sizilien, widersetzen sich den Etruskern, die ihren Einfluss ausdehnen wollen. Syrakus schlägt die etruskische Flotte vor Cumae, einer Stadt im Norden der Bucht von Neapel.

Die Tempel, Heimat der Götter

Im Unterschied zu Kirchen dienen Tempel nicht dazu, die Gläubigen zum Gebet zu versammeln. Sie werden zu Ehren eines Gottes erbaut und beherbergen sein Standbild. Harmonische Linien, ausgewogene Proportionen und kostbarste Materialien sind sichtbare Zeichen für die tiefe Götterverehrung der Griechen, aber auch für die großartigen Leistungen ihrer Architekten.

Klare Linien

Der Aufbau eines griechischen Tempels ist einfach: Er besteht meist aus einem rechteckigen, von Säulen eingefassten Raum, in dem die Statue steht. Dafür ist der Tempel aufwändig ausgestaltet. Die Architekten und Steinmetzen sind wahre Künstler im Zusammenfügen der Steine. Meist wird zum Tempelbau der in Griechenland reichlich vorhandene Marmor verwendet. Klare Linienführung und Symmetrie sind oberstes Gebot der Baumeister, die es verstehen, sogar optische Täuschungen zu korrigieren. Die griechischen Säulen sind z. B. leicht nach innen geneigt, um den Eindruck zu vermeiden, sie würden nach außen driften.

Dorische Säule *Ionische Säule* *Korinthische Säule*

Die Ausgestaltung des Tempels

Bei den Säulen gibt es drei Stilarten, die man auch Ordnungen nennt. Die einfachste Ordnung ist die dorische Säule, die in Griechenland und den westlichen Kolonien wie Sizilien oder Süditalien weit verbreitet ist. Ionische Säulen mit einem schneckenförmig gerollten Kapitell finden sich eher in Kleinasien und auf den Inseln in der Ägäis. Korinthische Säulen schließlich sind reich verziert, aber wenig verbreitet. Ihr Kapitell ist mit Akanthusblattornamenten geschmückt, einer für den Mittelmeerraum typischen Pflanze.

Die Säulen tragen drei übereinander liegende architektonische Elemente – den Architrav, den Fries und das Gesims. In den Friesen halten Bildhauer mythologische Szenen fest. Auch die Giebel, die die Fassaden abschließen, können mit Skulpturen geschmückt sein. Die riesige Götterstatue thront an der Rückwand eines großen Saales, des *Naos*.

Die griechischen Tempel bestehen entweder aus Marmor, wie der Parthenon in Athen, oder aus anderem Gestein, das mit Stuckornamenten aus gemischtem Kalk und Marmorstaub überzogen ist. Fries und Giebel der Tempel sind in einer kräftigen Farbe gehalten, von der heute nur noch Spuren zu erkennen sind.

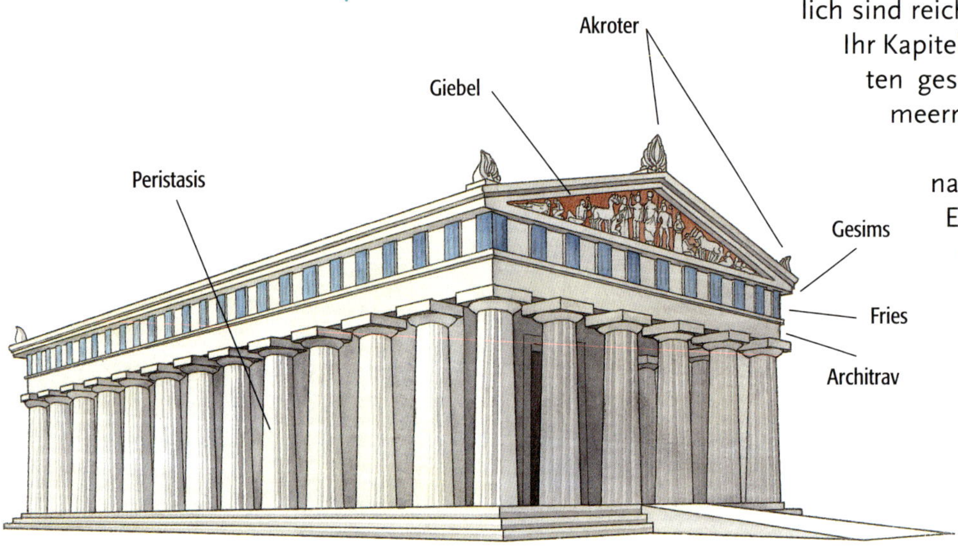

472 v. Chr.
Aischylos führt in Athen seine Tragödie Die Perser *auf. Der 20-jährige Perikles ist Chorege* in diesem Stück. Später wird er der wichtigste Staatsmann Athens.*

470 v. Chr.
Der Bau des Zeustempels in Olympia, im Nordwesten des Peloponnes, beginnt. Baumeister ist Libon von Elis. Finanziert werden die Arbeiten von der Kriegsbeute der Eliden aus ihrem Feldzug gegen die Pisaten und ihre Verbündeten.

Die großen Heiligtümer

Tempel gibt es in jeder Stadt. Ihr Standort ist meistens die Agora, der zentrale Platz der Stadt (*siehe S. 64–65*). Aber auch auf der Akropolis* werden Tempel errichtet, wie etwa in Athen. Weitläufige Tempelanlagen finden sich auch auf dem freien Feld wie in Olympia (*siehe S. 44–45*), wo die heiligen Stätten eine eigene kleine Stadt bilden. Die Heiligtümer sind von einer Mauer, dem *temenos*, eingegrenzt, die den heiligen Boden, auf dem die Tempel und Statuen erbaut werden, schützen soll. Nicht selten befinden sich innerhalb dieser Mauern auch ein Theater und ein Stadion. Werden glanzvolle Feste zu Ehren der Götter gefeiert, kommen Pilger aus allen Teilen des Landes zu den heiligen Stätten. Denn jedes Heiligtum hat eine besondere Bedeutung: In Delphi kann man das Apollonorakel* befragen, in Nemea um die Unterstützung von Zeus bitten.

DIE STATUE DER ATHENA

Im Parthenon auf der Akropolis in Athen steht die riesige Kultstatue der Athena. Die Schöpfung des begnadeten Bildhauers Phidias (siehe S. 68) ist mit „Chryselephantin" (Gold und Elfenbein) beschichtet, ihr Kern ist aus Holz. Das Wort setzt sich aus dem griechischen* chrysos, *Gold, und* elephas, *Elfenbein, zusammen. Eine mit diesem Material überzogene Statue ist sehr teuer. Deshalb werden die meisten Bildsäulen aus glattem Holz oder Marmor gefertigt. Phidias hat noch ein weiteres Meisterwerk dieser Art geschaffen: die Zeusstatue in Olympia, eines der sieben Weltwunder. Beide Kunstwerke sind vollständig zerstört. Ihr ursprüngliches Aussehen ist nur durch Beschreibungen von Zeitzeugen überliefert.*

Im Heiligtum von Epidauros wird Asklepios verehrt, der Gott der Heilkunst. Die Pilger, die sich in einer heiligen Säulenhalle versammeln, werden im Traum von einem göttlichen Heiler besucht, der ihnen ein Heilmittel beschreibt. Nach dem Aufwachen lassen sich die Pilger ihren Traum von einem Priester deuten. Werden sie tatsächlich von ihrem Leiden befreit, hängen sie aus Dankbarkeit in der Säulenhalle ein exvoto* *auf. Meist zeigt diese Weihegabe ein Bein, einen Arm oder einen anderen Körperteil, der geheilt worden ist.*

um 470 v. Chr.
Hanno, König von Karthago und Seefahrer, erforscht die westafrikanische Küste, nachdem er die Meerenge von Gibraltar durchfahren hat. Seine Reise führt ihn auch zu den Kanaren, den Kapverden und sogar bis in den Golf von Guinea.

468 v. Chr.
Der erst 28 Jahre alte Sophokles gewinnt den Tragödienwettbewerb in Athen. Er ist der erfolgreichste Dichter der Dionysosfeste. Auch heute noch werden seine Meisterwerke wie Antigone, König Ödipus *oder* Elektra *aufgeführt.*

Die Verehrung der Götter

Die Religion ist das bestimmende Element im Leben der Griechen. Da die Verehrung der Götter ein Teil des Alltags ist, gibt es viele religiöse Feiertage, an denen sich die ganze Stadt zum Gebet versammelt. Die Götterverehrung besteht aus dem Gebet, der Libation und der Opfergabe.

Gebet und Libation

Die Griechen scheuen sich nicht, sich mit ihren Wünsche, Ängsten und auch ihrem Ärger direkt an die Götter zu wenden. Bildnisse, Skulpturen oder Motive auf Vasen zeigen oft Menschen, die mit nach oben gestreckten Armen und gen Himmel gerichtetem Blick die Götter anrufen. Eine andere Möglichkeit der Verehrung von Zeus und den anderen olympischen Göttern ist die Libation, das Trankopfer. Man gießt dazu Wein auf den Altar im Tempel oder auf den kleinen Altar im eigenen Haus. Zudem schüttet man vor jeder Mahlzeit Wein auf den Boden: zu Ehren von Zeus, für die toten Helden und den guten Geist des Hauses. Je nach Ritual kann man statt Wein auch Milch oder eine Mischung aus Wein, Wasser und Honig opfern.

Eine junge Frau beim Trankopfer mit einer Phiale, einer Kultschale. Opferhandlungen sind alltäglich, sie sind Bestandteil jeder Mahlzeit. Davor reinigt man sich die Hände und auch das Gefäß, mit dem das Trankopfer dargebracht wird.

463 v. Chr.
In Athen begeistert der 32-jährige Perikles in den Versammlungen mit seinen brillanten Reden. Schnell macht er Karriere und steht 30 Jahre lang an der Spitze der Stadt. Ihm zu Ehren wird das 5. Jahrhundert v. Chr. in Griechenland auch „Perikleisches Zeitalter" genannt.

460 v. Chr.
Persische Schreiber benutzen ein neues Material – enthaartes und geglättetes Tierfell. Das Herstellungsverfahren wird im 2. Jahrhundert v. Chr. in Pergamon verbessert und ersetzt nach und nach den Papyrus. Es wird nach seinem Herkunftsort Pergament genannt.

Das Opfer

Zu jeder öffentlichen Zeremonie gehört ein Opfer, dem Gebete und Trankopfer vorausgehen. Die einzelnen Götter verlangen unterschiedliche Opfergaben: Einige bevorzugen einfache Nahrungsmittel wie Früchte, Gemüse, Wein, Milch, Honig, Gebäck oder Käse. Andere wiederum fordern ein Tieropfer. Je nach Vermögen der Gläubigen werden auf Vorschlag der Priester ein Ochse, ein Schaf, ein Schwein, eine Ziege oder auch ein kleiner Vogel geopfert. Das Tier muss makellos sein. Ist das Tier von heller Farbe, ist es für die olympischen Götter bestimmt, ist es dunkel, bleibt es den Göttern der Unterwelt vorbehalten. Menschenopfer sind selten, es gibt sie lediglich während der Perserkriege*.

Die Aufzucht von Schweinen ist in Griechenland weit verbreitet (siehe S. 58–59), *deshalb sind Schweine die häufigsten Opfertiere.*

DIE ELEUSINISCHEN MYSTERIEN

Im Heiligtum von Eleusis in Attika werden Demeter und ihre Tochter Kore (siehe S. 30–31) *verehrt. Dort werden die Gläubigen auf die Mysterien vorbereitet, in denen Fruchtbarkeit und Todesüberwindung eine zentrale Rolle spielen. An den kultischen Vorbereitungen dürfen alle Bürger und Sklaven teilnehmen. Zu den geheimen Riten, die in der Weihehalle vollzogen werden, sind jedoch nur Eingeweihte zugelassen. Nach griechischer Vorstellung erringt ein Eingeweihter den Sieg über den Tod und hat ein seliges Leben im Jenseits vor sich.*

Frauen sind vom öffentlichen Leben ausgeschlossen. Außer bei den Panathenäen nehmen sie nur selten an religiösen Handlungen teil. Bei diesen Festspielen führen sie jedoch den Prozessionszug an.

Die Prozessionen

Während der großen Feste wird das Opfertier, z. B. ein Ochse, mit Kränzen und Bändern geschmückt und in einer Prozession bis vor den Tempel geführt. Vor dem Opfertier geht ein junges Mädchen. Beim Altar angekommen, der sich außerhalb des Tempels befindet, besprengt man das Tier mit Wasser, damit es den Kopf senkt, was als Einverständnis gedeutet wird. Unter Flötenklängen wird das Tier geschlachtet und zerlegt. Sein Blut wird auf dem Altar ausgegossen. Fett und Knochen werden zu Ehren der Götter verbrannt, während das Fleisch des Tieres gebraten und unter den Teilnehmern der Prozession aufgeteilt wird. Bei besonderen Anlässen, z. B. bei Kriegsgefahr, wird das ganze Tier verbrannt und den toten Helden geopfert. Bei manchen Zeremonien entwickeln sich aus den religiösen Handlungen beliebte Feste. So finden in Athen alle vier Jahre Ende Juli die Großen Panathenäen statt, Festspiele zu Ehren der Göttin Athena (*siehe S. 16–17*). Junge attische Mädchen überreichen der Statue der Göttin einen *peplos*, ein ärmelloses Gewand. Bei den Festlichkeiten wechseln sich religiöse Handlungen mit sportlichen und musikalischen Wettkämpfen ab.

460–377 v. Chr.
Lebenszeit des Hippokrates, Begründer der Heilkunst in der westlichen Welt und Namensgeber für den ärztlichen Schwur, den „Eid des Hippokrates". Er stellt als Erster fest, dass Krankheiten natürliche Ursachen haben und nicht von bösen Geistern geschickt werden.

459 v. Chr.
Perikles schickt eine Flotte nach Ägypten, um den Aufstand gegen die persische Besatzung unter Artaxerxes zu unterstützen. Noch immer ist die Gefahr einer persischen Bedrohung Griechenlands nicht gebannt.

Die Olympischen Spiele

In Olympia, seit mehreren hundert Jahren eine heilige Stätte, beginnen die Griechen mit ihren legendären Wettkämpfen. Alle vier Jahre legen die Städte ihre Waffen nieder, um ihre Athleten im Wettstreit zu Ehren der Götter zu unterstützen.

Olympia liegt inmitten von Bäumen, sodass die Wettkämpfe im Schatten stattfinden konnten.

Ein heiliger Wald

Ursprünglich umfasste das Heiligtum von Olympia nur den Altishain und den Kronoshügel sowie die beiden Flüsse Alpheios und Kladeos. Auf dem Hügel wird der Titan Kronos verehrt, der Sohn von Uranus (Himmel) und Gaia (Erde). Der Altishain ist Gottvater Zeus und seiner Gemahlin Hera geweiht. Seit dem 9. Jahrhundert v. Chr. kommen die Menschen aus der Umgebung hierher und bringen unter freiem Himmel auf einem einfachen Altar ihre Opfer dar, darunter auch schlichte Tierfiguren. Die Menschen nutzen die Gelegenheit, an diesem Ort auch ihre Kraft und Geschicklichkeit im sportlichen Wettstreit zu messen, möglicherweise zu Ehren des Zeus.

DIE AUSMASSE DES STADIONS

Der Legende nach ist es gleichfalls ein Herakles, wenn auch nicht der berühmte griechische Held, der den Standort und die Abmessungen des Stadions von Olympia festlegt. Es handelt sich um einen Kreter, der gemeinsam mit seinen Brüdern den Auftrag erhält, den jungen Zeus zu beschützen. Zum Zeitvertreib veranstalten sie ein Wettrennen mit dem Jungen. Herakles setzt 600-mal einen Fuß vor den anderen und bestimmt damit die Länge der Bahn. Sie misst genau 192,27 m.

Pelops gewinnt das Wagenrennen gegen König Oinomaos. Er gilt als einer der Gründerväter der Olympischen Spiele. Ihm ist das Pelopion in der Mitte des Heiligtums gewidmet.

457 v. Chr.
Die Städte Sparta und Theben schließen ein Bündnis und bedrohen das übermächtige Athen. Es gelingt ihnen, die Athener bei Tanagra zu besiegen.

455 v. Chr.
Im Alter von 25 Jahren beginnt Euripides Tragödien zu schreiben. Zu Lebzeiten eher unbeliebt, kommt ihm die gebührende Anerkennung erst nach seinem Tod zu. Seine Tragödien, besonders Medea, sind sehr erfolgreich.

Pelops, der erste Olympiasieger?

Der Legende nach wird König Oinomaos von Elis von einem Orakel* vorausgesagt, dass ihn der Gemahl seiner Tochter Hippodameia einmal töten würde. Als sie ins heiratsfähige Alter kommt, fordert er die Bewerber zu einem Wagenrennen auf, um sie abzuschrecken. Wer gegen ihn gewinne, solle seine Tochter zur Frau bekommen, der Verlierer des Duells aber solle tot umfallen. Bei dieser Wette ist Oinomaos siegessicher, da sein Wagen von den unbesiegbaren Zauberpferden des Kriegsgottes Ares gezogen wird. Da erscheint Pelops, in den sich Hippodameia auf der Stelle verliebt. Um ihn zu retten, bittet sie den Wagenlenker ihres Vaters, ein Rad zu manipulieren. Infolgedessen verliert sein Wagen während des Rennens das Rad und kommt zu Fall. Der König stirbt und der Hochzeit zwischen Pelops und Hippodameia steht nichts mehr im Wege. Pelops gibt dieser griechischen Region ihren Namen Peloponnes und ihm zu Ehren werden die Olympischen Spiele erstmals gefeiert.

OLYMPIA AUS DEN FLUTEN GERETTET

Zwischen dem 5. und 8. Jahrhundert n. Chr. wird Olympia von schweren Erdbeben heimgesucht und durch mehrere feindliche Angriffe zerstört. Die bis dahin erhalten gebliebenen Überreste der Stadt werden unter meterhohem Schlamm der Flüsse Alpheios und Kladeos begraben. Bereits 1829 beginnen französische Archäologen in Olympia mit Ausgrabungen, doch erst 1958 kann das Stadion von einer Gruppe deutscher Archäologen freigelegt werden.

Pierre de Coubertin war ein passionierter Sportler und begeisterte sich für die Antike. 1896 organisierte er die ersten Olympischen Spiele der Neuzeit.

Gemeinsame Spiele

Die ersten Olympischen Spiele wurden 776 v. Chr. veranstaltet. Dieses Datum gilt als Beginn der Jahreszählungen der griechischen Antike. Seit diesem Zeitpunkt finden die Olympischen Spiele fast ohne Unterbrechung alle vier Jahre statt, bis 393 n. Chr. der römische Kaiser Theodosius, der zum christlichen Glauben übertritt, die „heidnischen" Tempel schließen und die Spiele verbieten lässt. Erst 1896 lässt der Franzose Pierre de Coubertin die Spiele wieder aufleben. Die ersten Olympischen Spiele der Neuzeit finden in Athen statt. Sportliche Wettkämpfe werden in der Antike auch in anderen Regionen Griechenlands abgehalten, doch sind die Spiele in Olympia die bekanntesten. Alle Städte Griechenlands entsenden ihre Athleten dorthin. Aus diesem Grund werden sie auch „Panhellenische Spiele" genannt, abgeleitet vom griechischen *pan* (alle) und *hellas* (Griechenland). Panhellenische Spiele werden aber auch noch in drei weiteren Städten gefeiert: die Pythischen Spiele in Delphi zu Ehren von Apollons Sieg über den Drachen Python, die Isthmischen Spiele in Korinth zu Ehren Poseidons und die Nemeischen Spiele zu Ehren des Zeus.

um 450 v. Chr.
Der karthagische Feldherr Himilkon unternimmt eine Forschungsreise entlang der westeuropäischen Küsten, vielleicht um den Handel mit Zinn und Blei auszuweiten. Möglicherweise gelangt er dabei sogar bis nach Irland.

450 v. Chr.
In Rom wird das Zwölftafelgesetz erlassen, das sich stark an der griechischen Rechtsordnung Solons orientiert. Ab diesem Zeitpunkt sind die Gesetze Roms für jedermann zugänglich, zuvor waren sie nur den herrschenden Familien, den nobiles, bekannt.

Strenge Regeln

Um an den Olympischen Spielen teilnehmen zu dürfen, muss man drei Bedingungen erfüllen. Zum einen dürfen nur männliche Sportler mitmachen; Frauen dürfen weder an den Wettkämpfen teilnehmen noch dabei zuschauen. Wenn sie verheiratet sind, dürfen sie das Heiligtum nicht einmal betreten, obwohl in Olympia Hera, die Göttin der Ehe, verehrt wird! Einer einzigen Frau ist die Teilnahme an den Spielen gestattet – der Priesterin zu Ehren Demeters, der Göttin des fruchtbaren Bodens. Zum anderen muss der Athlet ein Bürger (*siehe S. 17*) sein. Metöken* und Barbaren* ist die Teilnahme verwehrt. Und schließlich muss in der Heimatstadt des Athleten Frieden herrschen. Nur so kann eines der wichtigsten Ziele der Olympischen Spiele erreicht werden: Waffenstillstand bei allen kriegerischen Auseinandersetzungen der griechischen Städte untereinander.

Die Organisation der Spiele

Die Städte melden ihre Kandidaten bei den *hellanodikai*, den für die Spiele zuständigen Beamten. Die Athleten reisen einen Monat vor Beginn der Spiele nach Olympia, wo sie in einem hermetisch abgeschirmten Bereich leben. Sie werden in die Regeln eingeführt und trainieren in der Palästra, wo die Kraftsportarten stattfinden. Am Tag vor den Spielen finden zahlreiche religiöse Zeremonien statt, bei denen Opfer zu Ehren des Kronos, des Zeus, der Hera (*siehe S. 30–31*), des Pelops und der Hippodameia (*siehe S. 41*) dargebracht werden. Die Spiele selbst dauern mehrere Tage. Am Ende erhalten die Sieger aus den Händen der *hellanodikai* einen schlichten Kranz aus Olivenzweigen. Mit ihren Leistungen tragen die siegreichen Athleten zu Ruhm und Ehre ihrer Heimatstadt bei und werden meist als Dank von ihr reich beschenkt und mit Privilegien ausgestattet.

IM GYMNASION

Ab dem zwölften Lebensjahr erhalten die Griechen eine sportliche Ausbildung, die sie auf ihr Soldatenleben vorbereiten soll, aber auch einen wichtigen Teil des Körperkults ausmacht. In jeder Stadt gibt es ein oder mehrere Gymnasien (vom griechischen gymnos, nackt), die aus Trainingsanlagen und der Palästra bestehen. Auch ein Bad, eine Bibliothek sowie ein Saal für Musik und Poesie stehen zur Verfügung. Zutritt haben ausschließlich Männer, und zwar nur Bürger und Metöken (siehe S. 17). Sklaven sind ausdrücklich ausgeschlossen.*

Die Disziplinen

Die Spiele beginnen mit den **Laufdisziplinen** (*rechts*), die Strecken bewegen sich zwischen einer und 24 Stadionrunden. Im Hoplitenrennen laufen die Athleten in voller Rüstung. Beim **Faustkampf** ① und beim **Pankration**, einer Mischung aus Ringen und Boxen, sind die Hände und die Unterarme mit Lederstreifen umwickelt. Letztere ist die unbarmherzigste Sportart. Hier ist fast alles erlaubt, nur Beißen und mit den Fingern in die Augen des Gegners zu stoßen ist verboten!

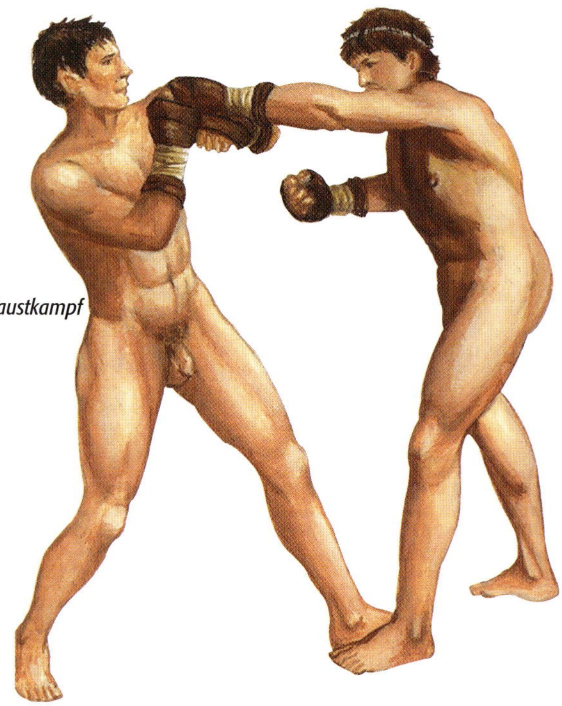

① *Der Faustkampf*

448 v. Chr.
Perikles schickt die attische Flotte zur Unterstützung Ägyptens im Kampf gegen die Perser aus. Nach einer anfänglichen Niederlage ist Athen schließlich siegreich. Die Thalassokratie in Athen hat ihren Höhepunkt erreicht.*

447 v. Chr.
Auf der Akropolis von Athen wird mit dem Bau des Parthenon begonnen, dem großen Athenatempel. Es ist die Blütezeit der griechischen Klassik. Athen ist die mächtigste Stadt Griechenlands.*

Im **Fünfkampf** (vom griechischen *penta*, fünf) messen sich die Athleten im Laufen, Weitspringen ②, Diskuswerfen ③, Speerwerfen ④ und schließlich im Ringkampf ⑤.

② *Beim Weitsprung hat der Sportler Gewichte aus Stein, Bronze oder Blei in beiden Händen.*

④ *Die Länge des Speers entspricht genau der Körpergröße des Athleten. Man schleudert den fingerdicken Speer mithilfe eines Lederriemens.*

③ *Der Diskus besteht aus Bronze und wiegt zwischen 1 und 5 kg. Er wird mit Sand eingerieben, damit er dem Werfer nicht aus der Hand rutscht.*

⑤ *Die Ringer treten sich mit bloßen Händen gegenüber, der Kopf ist gesenkt, die Arme sind nach vorne gestreckt. Man packt den Gegner am Hals, an den Handgelenken oder am Oberkörper und versucht ihn umzuwerfen.*

Zum Abschluss der Spiele finden auf einem eigens dafür präparierten Platz im Süden des Stadions die **Wagen- und Pferderennen** (*siehe unten*) statt. Den größten Ruhm ernten die Athleten beim Wagenrennen, vor allem bei den Rennen mit Viergespannen, denn diese Wettbewerbe werden zu Ehren des Helden Pelops, dem Gründer der Olympischen Spiele, abgehalten. Nur die reichsten Teilnehmer können sich ein solches Gespann leisten. Meist wird der Wagen nicht vom Besitzer der Pferde gelenkt, sondern von einem professionellen Wagenlenker. Der Siegeskranz jedoch gebührt dem Besitzer.

KEIN MARATHONLAUF IN OLYMPIA

Den berühmten Lauf über etwa 42 km gab es in der Antike noch nicht als olympische Disziplin. Der heutige Marathonlauf ist eine Referenz an den Boten, der 490 v. Chr. von Marathon nach Athen lief, um den Griechen die Nachricht vom Sieg ihrer Armee gegen die Perser zu bringen. Am Ziel angekommen, brach er vor Erschöpfung tot zusammen.

446 v. Chr.
Nach andauernden Konflikten mit zahlreichen Städten, die sich gegen die Vormachtstellung Athens auflehnen, schließt Perikles mit Sparta den „dreißigjährigen Frieden", der allerdings nur halb so lange Bestand hat.

445 v. Chr.
Auf seinen Reisen durch Persien beginnt Herodot mit der Niederschrift seiner Historien. *Seine Beschreibung Ägyptens ist die älteste bekannte Schilderung des Lebens und der Sitten und Gebräuche in diesem Land.*

Das Heiligtum von Olympia

Olympia liegt in einem fruchtbaren Tal im Nordwesten des Peloponnes. An dieser heiligen Stätte finden regelmäßig Wettspiele zu Ehren des Zeus statt. Im Inneren des Heiligtums befinden sich neben Sakralbauten auch Sportstätten und Verwaltungsgebäude: das Stadion, das Hippodrom, das Gymnasion, das Buleuterion ...

① **Zeus-Tempel**

Der 456 v. Chr. fertig gestellte Zeustempel ist das bedeutendste Gebäude in Olympia. Er ist 64 m lang und 28 m breit und besteht aus einheimischem Muschelkalk mit Stuckbesatz (*siehe S. 36*). Nur die Statuen und das Dach sind aus Marmor. Der Giebel über dem Eingang zeigt Pelops und Oinomaos, die sich unter den Augen des Zeus auf das berühmte Wagenrennen vorbereiten, das Anlass für die Olympischen Spielen gewesen sein soll (*siehe S. 41*). Blickfang im Inneren des Tempels ist die riesige Zeusstatue, die der berühmte Bildhauer Phidias (*siehe S. 19, 37 und 68*) geschaffen hat. Sie ist mit Gold und Elfenbein überzogen.

② **Hera-Tempel**

Der Hera-Tempel ist um 600 v. Chr. entstanden und damit der älteste Tempel Olympias.

③ **Metroon**

Dieser Tempel aus dem 4. Jahrhundert v. Chr. ist Rhea gewidmet.

④ **Schatzhäuser**

Am Fuße des Kronoshügels stehen kleine Gebäude, die von den an den Spielen teilnehmenden Städten errichtet wurden, um den Göttern die Stärke ihres Glaubens und ihre Dankbarkeit zu zeigen. Sie heißen „Schatzhäuser", weil sie viele wertvolle Gegenstände beherbergen wie Statuen und Kriegstrophäen.

⑤ **Echohalle**

In der großen Säulenhalle finden die Besucher Schutz vor der Hitze. Menschen aus allen Teilen Griechenlands treffen sich hier und tauschen ihre Gedanken aus.

⑥ **Altar**

Dieser einfache Altar ist der älteste des Heiligtums. Er besteht aus aufgeschichteter Tierasche und ist Zeus geweiht.

445 v. Chr.
In Rom setzt der plebejische Volkstribun Canuleius die Abschaffung des Eheverbots zwischen Plebejern und Patriziern (Adligen) durch.

443 v. Chr.
Thukydides kritisiert die Prunkbauten, die Perikles in Athen errichten lässt. Perikles schaltet seinen Widersacher aus, indem er einen Ostrakismos einberuft. Er lässt Thukydides verbannen und steigt damit zur absoluten Autorität in Athen auf.

⑦ **Philippeion**
Diesen Rundtempel, Tholos genannt, lässt König Philipp II. von Makedonien nach einem siegreichen Feldzug im Jahr 338 v. Chr. errichten. Das Philippeion wird unter seinem Sohn Alexander (*siehe S. 26–27*) fertig gestellt. Der Tempel beherbergt Statuen der königlichen Familie, die mit Goldelfenbein beschichtet sind.
⑧ **Pelopion**
Grabmal des Pelops. Es wird von einer Mauer eingefasst. In seinem Inneren befindet sich ein Altar, auf dem schwarze Widder geopfert werden.
⑨ **Prytaneion**
Amtsgebäude der Magistratsbeamten des Heiligtums, der Prytanen. Außerdem findet hier das Bankett zu Ehren der Sieger der Spiele statt.

⑩ **Buleuterion**
Das Sitzungshaus der *boule*, des Verwaltungsrates von Olympia.
⑪ **Leonidaion**
In diesem 330 v. Chr. vom Architekten Leonidas von Naxos errichteten Gebäude sind die bedeutendsten Gäste der Spiele untergebracht. Die Zimmer liegen alle zu einem Innenhof mit Garten hin.
⑫ **Werkstatt des Phidias**
Hier arbeitet der Bildhauer Phidias an der Verkleidung der großen Zeusstatue mit Gold und Elfenbein.
⑬ **Gymnasion**
Auf diesem großen rechteckigen Platz werden Speer- und Diskuswurf sowie die Laufwettbewerbe geübt. Den Platz umgeben vier Säulenhallen, von denen eine als Laufbahn genutzt werden kann. Sie hat die gleiche Länge wie das Stadion.

⑭ **Palästra**
Die Palästra dient dem Training der Kraftsportarten und des Weitsprungs. Außerdem befinden sich dort die Umkleideräume und das Bad.
⑮ **Stadion**
Auf dem Hippodrom und im Stadion finden die Wettbewerbe statt. Beide Plätze liegen außerhalb des Heiligtums. Die Zuschauer sitzen auf grasbedeckten Hängen. Eine kleine Tribüne ist den Schiedsrichtern vorbehalten, ihr gegenüber steht ein Demeteraltar. Eine Reihe von Steinen im Boden markiert die Startlinie.
⑯ **Hippodrom**
Auf diesem 609 m langen und 320 m breiten Gelände finden die Pferderennen statt.

435 v. Chr.
Erste Zensoren in Rom. Sie überwachen die Sitten und teilen die Bürger alle fünf Jahre in Vermögensklassen ein.

431 v. Chr.
Ausbruch des Peloponnesischen Krieges zwischen Athen und Sparta, den beiden mächtigsten Städten Griechenlands. Auch fast alle anderen griechischen Städte werden in die Auseinandersetzungen verwickelt.

Bildung: Ein Privileg der Jungen

Eine Schulstunde beginnt. Die Schüler sitzen in einem Halbkreis vor ihrem Lehrer auf dem Boden und lernen Rechnen und Schreiben. Ziel des Unterrichts ist nicht nur die Weitergabe von Wissen, sondern auch die Erziehung und die Vermittlung moralischer Werte.

430 v. Chr.
Der berühmte Bildhauer Phidias wird des Betrugs verdächtigt und muss Athen verlassen. Er verlegt seine Wirkungsstätte nach Olympia. Dort erschafft er die mit Gold und Elfenbein beschichtete Kultstatue für den Zeustempel, eines der sieben Weltwunder.

429 v. Chr.
Zwei Jahre nach Beginn des Peloponnesischen Krieges bricht in Athen die Pest aus und tötet ein Viertel der Bevölkerung. Auch Perikles und sein Sohn sterben, doch der Krieg geht weiter.

Bildung nur für wenige

In den meisten griechischen Stadtstaaten gehen nur die Jungen zur Schule. Ihre Schulzeit dauert vom 7. bis zum 16. Lebensjahr. Der Schulbesuch ist teuer, deshalb müssen Kinder aus bescheidenen Verhältnissen bereits mit 13 Jahren die Schule verlassen und eine Lehre bei einem Handwerker beginnen. Der Unterricht wird oft im Haus eines Lehrers abgehalten. In einigen Städten gibt es aber auch öffentliche Schulhäuser, die meist in der Nähe des Gymnasions liegen. Nur in Sparta ist die Bildung der Kinder einzig und allein Aufgabe des Staates (*siehe S. 21*).

Viel zu lernen

Jungen aus den reichen Athener Familien werden von einem gebildeten Sklaven zum Unterricht begleitet, dem *paidagogos*. Bei einem *grammatistes* lernen sie Lesen, Schreiben, Dichten und Rechnen. Wenn sie das Alphabet beherrschen, lesen die Schüler die Werke der großen griechischen Schriftsteller. Der berühmteste Dichter seiner Zeit ist Homer (*siehe S. 10–11*), dessen Werke nicht nur gelesen, sondern auch abgeschrieben und auswendig gelernt werden. Die Kunst des Rechnens ist nicht so leicht zu erlernen, da die Griechen weder die Zahlen noch die Bedeutung der Null kennen. Zum Zählen benutzen sie die Buchstaben des Alphabets, weshalb Rechenvorgänge sehr kompliziert sind. Beim *kitharistes* bekommen die Jungen Musikunterricht, der *paidotribes* ist für den Sportunterricht in der Palästra zuständig, der im Alter von zwölf Jahren beginnt. Ferien gibt es keine, allerdings findet an religiösen und familiären Festen keine Schule statt. Diese Feste sind Feiertage, für die Erwachsenen, aber auch für die Kinder.

Höhere Bildung

Eine höhere Bildung ab dem 16. Lebensjahr können sich nur die reichen Familien für ihre Kinder leisten; eine Universität im heutigen Sinne gibt es in Griechenland nicht. Die griechische Kolonie Alexandria in Ägypten hat aber eine wissenschaftliche Hochschule. Dort entsteht am Anfang des 3. Jahrhunderts v. Chr. eine berühmte „Universität", zu der auch die legendäre Bibliothek gehört. Viele Philosophen reisen von Stadt zu Stadt und lehren die jungen Männer Literatur- und Naturwissenschaften. Auch Rhetorik, d.h. die Kunst, vortrefflich zu sprechen und andere zu überzeugen, gehört zum Lehrstoff. Einzig der berühmte Philosoph Platon hat in Athen eine eigene Akademie, an der er sein Wissen weitergibt.

Die Schüler sitzen auf Matten oder auf dem blanken Boden und lernen, mit einem Griffel auf eine mit Wachs überzogene Holztafel zu schreiben. Die Ärmsten müssen sich mit Tonscherben behelfen, den* ostraka*, auf die sie mit Pinseln schreiben. Reiche Schüler schreiben mit einem Pinsel oder einem gespitzten Schilfrohr auf Papyrus.*

425 v. Chr.
Spartanische Hopliten, die als unbesiegbar gelten und den Tod einer Niederlage vorziehen, müssen sich auf Sphakteria, einer Insel im Süden des Peloponnes, den Athenern geschlagen geben. Die Militärmacht Sparta zerfällt.

413 v. Chr.
Der Angriff der Athener gegen Syrakus, das im Peloponnesischen Krieg auf der Seite Spartas kämpft, schlägt fehl. Die Überlebenden werden in den ehemaligen Steinbrüchen der Stadt gefangen gehalten, wo sie verhungern.

Hochzeit und Geburt

Bei einer Hochzeit geht es fast immer um finanzielle Interessen zweier Familien, nur selten wird aus Liebe geheiratet. Während der Vermählung und bei der Geburt der Kinder werden Zeremonien und Festessen abgehalten sowie Opfer dargebracht, um den Schutz der Götter zu erbitten.

Vorbestimmte Hochzeit

Im alten Griechenland kann man sich nicht aussuchen, wen man heiratet. Der Vater der Braut, die eine Mitgift* mit in die Ehe bringt, wählt den Ehemann für sie aus. Theoretisch können Jungen mit 18 und Mädchen mit 15 Jahren heiraten. In der Praxis heiraten aber die Mädchen wesentlich früher, und zwar Männer, die älter als 30 Jahre sind.

Die Braut

Mit der Hochzeit endet die Kindheit der Braut. Am Vorabend des Festes opfert sie ihre Spielsachen und eine Haarlocke, in der Regel zu Ehren der Göttin Artemis (*siehe S. 31*). Schließlich nimmt die Braut ein rituelles Bad, um sich zu reinigen. Ihre Familie veranstaltet ein Festmahl mit einem Opfer zu Ehren der Götter.

Archäologen haben bei ihren Grabungen viele Spielsachen gefunden, meist Tierfiguren aus Terrakotta.

SPUREN DER GESCHICHTE

410 v. Chr.
Apollodoros von Athen revolutioniert die Malerei, indem er seine Figuren auf verschiedenen Ebenen anordnet, um Raumtiefe zu erzeugen, und die Schattenmalerei entdeckt, mit deren Hilfe er Körper plastisch darstellen kann.

405 v. Chr.
Dionysios wird Tyrann von Syrakus. Die wirtschaftliche Blüte der Stadt ermöglicht ihm die Neuordnung der Armee und den Bau einer riesigen Stadtmauer, die Syrakus und das Umland schützen soll.

Das Hochzeitsfest

Am Tag der Hochzeit sind die Häuser der Familien von Braut und Bräutigam mit Girlanden aus Oliven- und Lorbeerzweigen geschmückt. Im Haus der Braut wird ein Fest im Familien- und Freundeskreis gefeiert, bis die Eheleute abends in einem Wagen zu ihrem neuen Haus gefahren werden. Dabei begleiten sie Freunde und Verwandte, die den Hochzeitszug mit Fackeln beleuchten. Am nächsten Morgen überreicht die Familie der Braut dem Gemahl die Mitgift*. Freunde schenken dem jungen Paar nützliche Gegenstände für den Haushalt.

Das Schicksal der Neugeborenen

Wird ein Kind geboren, muss es zuerst vom Vater angenommen werden, der das Recht hat, es zu verstoßen. Hat der Vater das Kind akzeptiert und ist es ein Mädchen, wird an der Haustür ein Stück Wollstoff als Symbol für das häusliche Leben aufgehängt. Bei einem Jungen befestigt man einen Olivenzweig an der Tür als Zeichen für seine zukünftige Aufgabe, die Felder der Familie zu bestellen. Fünf Tage nach der Geburt wird das *amphidromia* (das „Drumherum-Fest") gefeiert: Man reinigt das Neugeborene, indem man es mit Öl einreibt und mit Wasser besprengt, danach wird es im Haus herumgetragen. Weitere fünf Tage später kommt die Familie erneut zusammen, opfert den Göttern und feiert ein Fest, bei dem das Kind seinen Namen erhält.

HOCHZEIT IN SPARTA

In Sparta herrschen andere Regeln (siehe S. 20–21); dort ähnelt die Hochzeit einer Entführung der Braut. Sie wird im Frauenbezirk festgehalten, man schneidet ihr die Haare und zieht ihr Männerkleidung an. Auf diese Weise verkleidet bleibt sie weiterhin eingesperrt. Bis zur Vollendung seines 30. Lebensjahrs darf der Ehemann seine Braut nur nach Einbruch der Dunkelheit besuchen. Erst danach, wenn der Mann Vollbürger ist, können die Eheleute zusammenleben und ihre Kinder aufziehen.

Solche Tonstatuetten aus Böotien, einer Region in Mittelgriechenland, verraten viel über das Alltagsleben in der Antike. Hier das Abbild einer Mutter, die ihr Kind stillt, aus dem 4. Jahrhundert v. Chr.

404 v. Chr.
Das von den Spartanern belagerte Athen kapituliert. Damit endet der verheerende Peloponnesische Krieg. Athen behält zwar seine kulturelle Vormachtstellung, seine politische und militärische Bedeutung schwindet aber zusehends.

um 400 v. Chr.
Das Mahabharata, das Nationalepos der Inder, das über Jahrhunderte mündlich überliefert worden ist, wird erstmals schriftlich fixiert und verbreitet.

Familienleben

Griechische Eheleute verbringen nur wenig Zeit miteinander. Häufig haben die Frauen keinerlei Bildung und am öffentlichen Leben dürfen sie nicht teilnehmen. Allein den Hetären, meist gebildete Sklavinnen, bleibt es vorbehalten, den Männern bei Banketten Gesellschaft zu leisten.

Die Hausfrau

In Athen wie auch in den meisten anderen griechischen Städten ist die Frau ihrem Mann untertan. Sie geht nur selten aus, besonders wenn sie aus einer wohlhabenden Familie stammt. In diesem Fall lebt sie hauptsächlich im Gynäzeum, dem Frauengemach. Frauen beaufsichtigen die Arbeit der Sklaven, kümmern sich um den Inhalt der Kleidertruhen und um die Erziehung der Kinder. Bis zum Alter von sieben Jahren leben auch Mädchen und Jungen im Gynäzeum. Danach gehen die Jungen zur Schule (*siehe S. 46–47*), während die Mädchen von der Mutter auf ihre künftigen Aufgaben vorbereitet werden.

In den ärmeren Familien verlassen die Frauen öfter das Haus, da sie keine Sklaven haben, die für sie Wasser vom Brunnen holen oder zum Markt gehen, um einzukaufen. Auf dem Land genießt die Frau noch mehr Freiheiten, denn sie hat auch vielfältige Aufgaben außer Haus zu bewältigen: Sie hilft ihrem Mann und den Kindern bei der Feldarbeit und bei der Tierhaltung.

In den ärmeren Familien müssen auch die Frauen mitarbeiten, hier z. B. eine Bäckerin. Manchmal verkaufen sie auch ihre eigenen Produkte auf dem Markt.

SPUREN DER GESCHICHTE

399 v. Chr.
Der Philosoph Sokrates stößt mit seinen liberalen Ideen auf Widerstand. Er wird wegen Aufhetzung der Jugend angeklagt und zum Tode verurteilt. Sokrates muss – wie bei schweren Verbrechen vorgeschrieben – den Schierlingsbecher trinken.

390 v. Chr.
Die gallischen Horden, die 396 v. Chr. nach Italien vorgedrungen sind, vertreiben die Etrusker und erreichen schließlich Rom. Sie belagern und erobern die Stadt, nur die Festung auf dem Kapitol widersteht.

Der Mann auf der Agora

Ein griechischer Mann ist selten zu Hause. Seine Geschäfte erledigt er von der Agora aus (*siehe S. 64–65*), wo er sich regelmäßig aufhält. Hier trifft er Freunde oder Geschäftspartner und nimmt am politischen Leben teil. Außerdem besucht er häufig das Gymnasion und das öffentliche Bad, um sich für seine militärischen Aufgaben fit zu halten. Nur die ärmeren Bürger gehen einer Arbeit nach, in den Städten als Handwerker, auf dem Land als Bauern.

Darstellung eines Festmahls auf einem Tonkrug. Die Hetären sind mit heller, die Männer mit dunkler Hautfarbe dargestellt. Dieser Kontrast soll zeigen, dass Männer sich häufig an der frischen Luft aufhalten, während die Frauen meist im Haus bleiben.

DIE SCHEIDUNG

Männer können sich ohne Angabe von Gründen scheiden lassen. Es genügt, wenn der Mann vor Zeugen die Scheidung ausspricht. Die Frau kehrt dann mitsamt ihrem Vermögen zu ihrem Vater zurück. Tatsächlich gibt es aber nur wenige Scheidungen, da der Ehemann in solch einem Fall die Mitgift seiner Frau zurückgeben muss. Allein die Unfruchtbarkeit der Ehefrau ist für einen Griechen ein triftiger Scheidungsgrund.*

Das Festmahl – nur für Männer

Der Hausherr hat einen großen Freundeskreis, besonders wenn er eine politisch einflussreiche Stellung in der Stadt hat. Nach dem Abendessen lädt er zum *symposion*, einem Trinkgelage, bei dem Unmengen Wein getrunken werden. Frauen und Töchter dürfen nicht daran teilnehmen. Dafür sind häufig Künstler eingeladen, vor allem junge Hetären, die neben den Tafelfreuden für Unterhaltung durch Musik und Tanz sorgen. Diese Feste stehen unter dem Schutz des Dionysos, dem Gott des Weines und des Feierns (*siehe S. 31*).

Die Teilnehmer an einem Festmahl ruhen auf bequemen Liegen, trinken Wein und lassen sich unterhalten.

387 v. Chr.
Nach mehreren Reisen, die ihn auch nach Ägypten und Sizilien geführt haben, lässt sich Platon in Athen nieder. Der Schüler von Sokrates gründet eine Philosophenschule, die Akademie, in der er bis zu seinem Lebensende unterrichtet.

385–340 v. Chr.
Schaffenszeit des griechischen Bildhauers Skopas. Er stammt von der Insel Paros, auf der es unvergleichlich weißen Marmor gibt. Skopas ist Bildhauer und Architekt; er baut den Athenatempel in Tegea.

Tod und Bestattungsriten

Dem ältesten Sohn gebührt es, dafür zu sorgen, dass seine Eltern nach ihrem Tod den Riten der Stadt gemäß beerdigt werden. Nur dann können die Toten in die Unterwelt aufgenommen werden und müssen nicht hoffnungslos an den sumpfigen Ufern des Acheron herumirren.

Ein aufwändiger Ritus

Der griechische Bestattungsritus gliedert sich in fünf Abschnitte: Zuerst wird der tote Körper gewaschen, gesalbt und in weiße Kleider gehüllt. Nachdem der Kopf mit einem Blumenkranz geschmückt wurde, bahrt man den Leichnam einen Tag lang im Haus auf. Danach wird er in einem nächtlichen Trauerzug, der von Klageweibern und Musikanten begleitet wird, in die Nekropole* vor den Toren der Stadt gebracht. Der Leichnam wird ins Grab gelegt und mit wertvollen Gegenständen, wie Schmuck oder Trophäen, umgeben. Wird der Tote verbrannt, setzt man nur seine Asche in einer Urne bei. Die Größe eines Grabmals hängt natürlich vom Vermögen und vom Ansehen des Toten ab. Meistens ist es aus Marmor und hat die Form eines kleinen Tempels. Am Ende der Beisetzung waschen sich die Trauernden von Kopf bis Fuß, um sich zu reinigen. Auch das Haus, das durch den Tod beschmutzt wurde, wird gesäubert und durch Opfer den Göttern geweiht.

Die Statuette eines Klageweibs. Als Zeichen der Trauer schlagen die dem Toten nahe stehenden Frauen klagend die Hände über dem Kopf zusammen und kratzen sich die Wangen blutig.

Das Reich des Hades

Nach dem Tod fährt die Seele des Verstorbenen in die Unterwelt hinab. Dort regiert Hades, Bruder des Zeus und Gatte der Persephone (*siehe S. 30–31*). Viele Griechen fürchten ihn und sprechen nicht einmal seinen Namen aus. Sein Reich ist dreigeteilt: Zuerst kommen alle Seelen in den Erebos, um dort ihre Sünden zu sühnen. Im Tartaros sind die Seelen all derjenigen gefangen, die eine besonders harte Strafe getroffen hat, die meist von Zeus ausgesprochen wurde. Schließlich finden die Seelen im Elysion, der Insel der Seligen, ihre letzte Ruhe. In der Unterwelt hausen Furcht erregende Ungeheuer wie die Erinnyen. Diese geflügelten Wesen mit Schlangenhäuptern quälen ihre Opfer ohne Unterlass.

In die Unterwelt gelangt derjenige, der mit Charons Kahn den Acheron überquert hat. Das Totenreich ist nicht nur ein Ort der Qualen. Hier können die Seelen der Toten ihre letzte Ruhe finden.

384–322 v. Chr.
Lebenszeit des Philosophen und Gelehrten Aristoteles. 367 v. Chr. kommt er nach Athen, um an Platons Akademie zu studieren. Er erzieht Alexander den Großen und gründet in Athen seine eigene Schule, das Lykeion. Aristoteles gilt als Vater zahlreicher Wissenschaften.

373 v. Chr.
Nach einem heftigen Erdbeben verschwindet die Poseidon geweihte Stadt Helike im Meer. Für Platon, der von dieser Katastrophe gehört hat, ist dies möglicherweise Inspiration für die Geschichte des im Meer versunkenen Königreichs Atlantis.

DIE HELDEN IN DER UNTERWELT

*Ausgewählte Helden dürfen die Unterwelt betreten und wieder verlassen, so z. B. Odysseus, der bei seinen Irrfahrten die Toten besucht (*siehe S. 11*), oder Herakles, der den Kerberos zähmt (*siehe S. 34*). Auch Orpheus, dessen Gesang selbst wilde Tiere besänftigt, verbringt kurze Zeit in der Unterwelt, in der Hoffnung, seine tote Frau Eurydike wiederzusehen. Mit seiner Musik bezaubert er Hades und darf seine Gattin aus der Unterwelt zurückholen. Trotz Hades' Verbots schaut er sich ungeduldig nach ihr um, noch bevor sie die irdische Welt wieder erreichen. Eurydike ist für immer verloren.*

Die Unterwelt wird gut bewacht

Der Eingang zur Unterwelt wird von dem dreiköpfigen Hund Kerberos bewacht. Er achtet darauf, dass keine Lebenden das Totenreich betreten und keine toten Seelen aus der Unterwelt entweichen können. Ein weiterer wichtiger Helfer von Hades ist der Fährmann Charon. Um ihr Ziel zu erreichen, müssen die Seelen der Verstorbenen nämlich den gefährlichen Fluss Acheron überqueren, den einige griechische Dichter auch Styx nennen. Charon ist ein hässlicher, zerlumpter alter Mann; er nimmt nur diejenigen mit auf seine Barke, die dafür bezahlen können. Aus diesem Grund wird den Toten bei der Bestattung eine Münze in den Mund gelegt. Rudern müssen die Toten allerdings selbst. Grundvoraussetzung für die Überfahrt ist jedoch, dass die Verstorbenen nach dem griechischen Ritus bestattet worden sind. Deshalb werden auch die in der Schlacht gefallenen Soldaten von ihren Kameraden in die Heimat zurückgebracht, um sie dort vorschriftsmäßig bestatten zu können.

DIE NEKROPOLE*

In der Nekropole, der Totenstadt, ist jedes Grab mit einer Stele gekennzeichnet, die den Toten meist im Kreise seiner Familie zeigt. Die griechische Inschrift unten besagt: „Menios, Sohn des Hermaios, seine Frau Nikopolis und ihr Sohn Demetrios sagen: Lebe wohl."*

371 v. Chr.
Der Thebaner Epaminondas setzt der spartanischen Vorherrschaft in Leuktra mit einer neuen Militärtaktik ein Ende. Er gruppiert die Hopliten mit aufgestellten Lanzen zu einem „Igel".

370 v. Chr.
Der Architekt Pytheos baut gemeinsam mit den berühmtesten Bildhauern der Zeit in Halikarnassos in Kleinasien ein riesiges Grabmal für König Mausolos von Ikarien. Das „Mausoleum" wird eines der sieben Weltwunder.

Mode

Die Männer tragen meist einen *chiton*, ein rechteckiges Stück Stoff, das mit unterschiedlichen Accessoires dem Körper angepasst wird. Der *chiton* ist nur selten leicht zugeschnitten und vernäht. Frauen tragen einen *peplos*, der auf den Schultern mit Spangen zusammengehalten und kunstvoll in Falten gelegt wird.

Die Fibeln sind aus Bronze oder Gold hergestellt und oft aufwändig gestaltet, was sie zu wahren Schmuckstücken macht.

Wolle und Leinen

Meist werden für die Kleidung Wollstoffe verwendet, da aufgrund der zahlreichen Schaf- und Ziegenherden kein Mangel an Wolle herrscht. Es ist die Aufgabe der Frauen, die Wolle zu spinnen, zu weben und gegebenenfalls auch zu färben. Dazu versammeln sich die Frauen im Gynäzeum (*siehe S. 50*). Wohlhabende Griechen tragen Kleidung aus Leinen. Der Flachs, aus dem das Leinen gewonnen wird, wird zunächst aus Kleinasien eingeführt und später auch in Griechenland und Kreta selbst angebaut. Für die Kleidung der Reichen werden auch Materialien aus fernen Ländern verwendet, wie z. B. Baumwolle. Sogar Seide wird verarbeitet, allerdings sehr selten.

Kunstvolle Verschlüsse

Die Kleidung wird mit einfachen Spangen verschlossen. Männer tragen den *chiton*, ein kurzes oder langes Stück Stoff, das an den Schultern zusammengehalten und in der Taille gegürtet wird. Darüber tragen sie einen *himation*, einen ärmellosen Umhang. Bauern und Handwerker begnügen sich mit der *exomis*, einem Überwurf aus grobem Stoff, der über der linken Schulter befestigt wird und den rechten Arm freilässt. Reiter tragen einen Überwurf, die *chlamys*, die oft mit geometrischen Mustern verziert ist.

Die Frauen kleiden sich in ein langes Umschlagtuch, den *peplos*, den sie bevorzugt mit einem breiten Überschlag tragen und auf der rechten Seite nicht schließen. Auf den Schultern wird der *peplos* mit oft aufwändig gearbeiteten Spangen gesteckt. Die kostbarsten Gewänder sind aus Leinen, in der Taille werden sie oft gegürtet. Die Frauen kleiden sich meist sehr farbenfroh: blau, gelb, purpur oder violett. Als elegant gelten Blau und Rosa. Die Kinder tragen einen einfachen kurzen *chiton*.

SCHMUCK

Die Griechen sind kunstfertige Goldschmiede. Das Rohmaterial stammt von der thrakischen Küste oder von den Inseln Thasos und Siphnos. Die Frauen der reichen Familien tragen goldene Ringe, Ketten, Anhänger und Armbänder. Auch ihr Kopfschmuck ist aus Gold. Sie bewahren die kostbaren Stücke in einem verzierten Schmuckkästchen auf. Die kunstvollsten Goldschmiedearbeiten stammen vor allem aus dem Osten Griechenlands, aus Thrakien und aus dem Gebiet der Skythen. Armbänder trägt man am Handgelenk oder am Oberarm. Die Ringe sind häufig spiralförmig und an einem Ende mit einem Tierkopf versehen.

359 v. Chr.
Philipp II. von Makedonien bricht zu einem Feldzug gegen Griechenland auf. In weniger als sechs Jahren erobert er zahlreiche mit Athen verbündete Städte an den Küsten Thrakiens, Chaldäas und Thessaliens.

359–337 v. Chr.
Regierungszeit von Artaxerxes III., dem letzten großen Herrscher Persiens. Nach seinem Tod läuten die Aufstände der kleinasiatischen Städte und später der Feldzug Alexanders des Großen das Ende des persischen Imperiums ein.

FRISUREN

Jede griechische Frau hat lange Haare, es sei denn sie ist Sklavin oder in Trauer. Die Haare werden zu kunstvollen Frisuren mit Zöpfen und Locken aufgetürmt, die mit Bändern und schmalen Schnüren zusammengehalten werden. Knoten werden mit einem Stoffband festgehalten. Wohlhabende Frauen tragen dazu ein Diadem.

Kopfbedeckungen

Um sich vor der Sonne zu schützen, tragen die einfachen Männer eine konisch geformte Mütze aus Leder oder Filz, den *pilos*. Im Winter setzt man eine Art Barett aus Filz oder Wolle auf, das bis über die Ohren reicht. Reisende tragen einen breitkrempigen Hut aus Filz, Leder oder Stroh, den *petasos*. Ein Band erlaubt es, den Hut in den Nacken zu schieben, wenn er nicht gebraucht wird.

Wenn die Frauen aus dem Haus gehen, bedecken sie ihren Kopf mit einem Zipfel ihres *peplos* oder setzen sich eine *tholia* auf. Dieser eigentümliche, konisch geformte Hut mit breiter Krempe wird mittig auf den Haarknoten gesetzt.

Eine junge Frau schnürt ihre Sandale. Als Schmuck trägt sie Ohrringe, Armreif und eine Kette mit Anhänger. Die Haare sind von einem Tuch umschlungen.

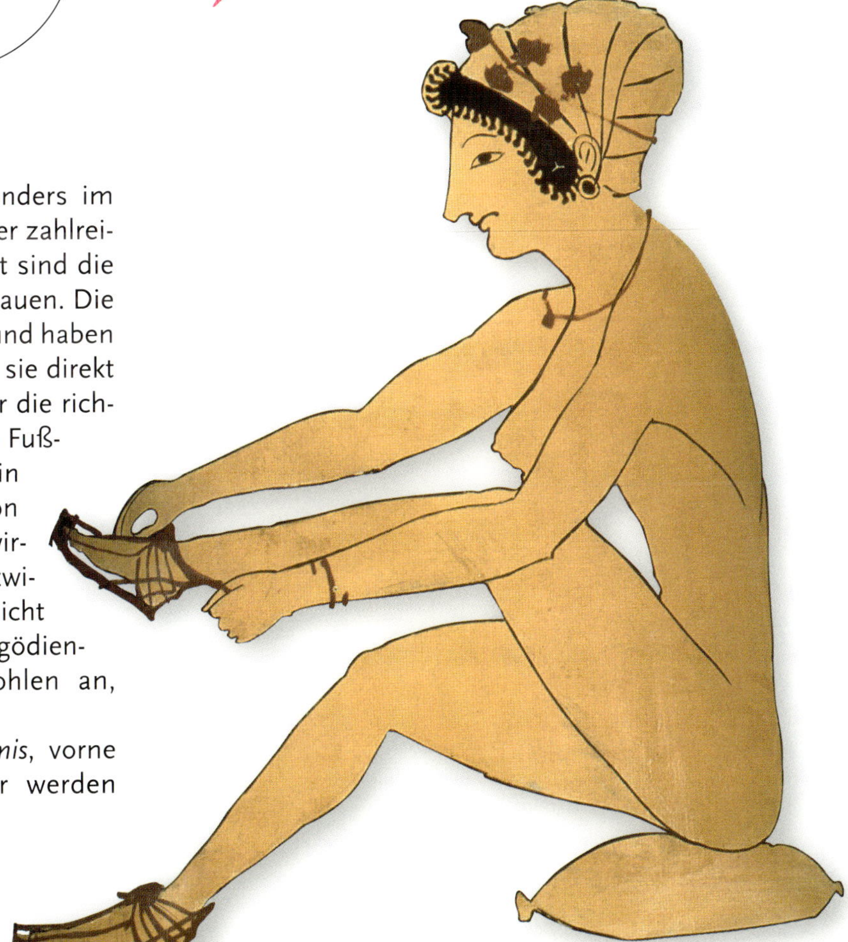

Schuhe zum Ausgehen

Üblicherweise geht man barfuß, besonders im Haus. Zum Ausgehen kann man jedoch unter zahlreichen Schuhmodellen wählen. Weit verbreitet sind die Sandalen, sowohl für Männer als auch für Frauen. Die Sohlen bestehen aus Kork, Holz oder Leder und haben keinen Absatz. Die Schuhmacher schneiden sie direkt am Fuß der Kunden zu, so haben sie immer die richtige Größe. Sie werden mit Lederriemen am Fußknöchel befestigt. Lederriemen gibt es in verschiedenen Farben, was besonders von den Frauen geschätzt wird. Um größer zu wirken, legen die Frauen manchmal Einlagen zwischen Sohle und Ferse. Mit der gleichen Absicht haben auch die Schauspieler bei den Tragödienaufführungen Schuhe mit dicken Korksohlen an, die Kothurnen.

Auf Reisen tragen die Männer *endromis*, vorne geschnürte Lederstiefel. Auch im Winter werden Stiefel angezogen.

356 v. Chr.
Im makedonischen Pella wird Alexander geboren, Sohn von Philipp II. und Königin Olympias. Im Alter von 16 Jahren wird Alexander Regent. Als 18-Jähriger nimmt er erfolgreich an der Schlacht von Chaironeia teil.

356 v. Chr.
Der ruhmsüchtige Herostratos zündet den Artemistempel in Ephesos an. Die Einwohner verurteilen ihn zum Tode und verbieten das Aussprechen seines Namens – doch der ist bis heute bekannt.

Das Leben der Bauern

Griechenland ist ein bergiges Land mit starken Klimaschwankungen. Deshalb halten die Bauern nur Kleinvieh, das sich auch mit mageren Weiden zufrieden gibt. Sie konzentrieren sich auf den Anbau von Olivenbäumen und Weinstöcken.

Der heilige Olivenbaum

Die griechische Mythologie erzählt von einem Wettstreit zwischen Athena und Poseidon um die Schutzherrschaft über Athen. Poseidon lässt eine Quelle mit salzigem Wasser sprudeln, Athena dagegen schenkt der Stadt einen Olivenbaum. Die Athener sprechen daraufhin ihr den Sieg zu. Der ursprünglich aus Kleinasien stammende Oliven- oder Ölbaum ist in Griechenland überall verbreitet. Geerntet wird im Herbst. Das hochwertigere und aromatischere Öl wird aus den bereits im September gepflückten, noch grünen Oliven gewonnen. Billiger und von minderer Qualität ist das Öl der reifen schwarzen Oliven. Nach dem Pflücken werden die Früchte mit einem Mahlstein zerkleinert, dabei dürfen die Kerne der Oliven nicht beschädigt werden. Danach wird der Fruchtbrei ausgequetscht und die gewonnene Flüssigkeit in einem großen Tonkrug aufgefangen. Gepresst wird in mehreren Schritten: Die erste Pressung ergibt das wertvollste Öl. Die nächsten Pressungen werden zum Braten, zur Körperpflege und als Lampenöl verwendet. Das Olivenmus wird gewürzt und als Beilage gegessen. Oliven werden aber auch gerne roh verzehrt.

Bei der Olivenernte. Die nackten Arbeiter sind wahrscheinlich Sklaven. Hausherr und Verwalter tragen einen chiton.

Mit diesem ausgeklügelten System werden Oliven gepresst. Der Fruchtbrei wird in geflochtenen Körben aufgefangen, die man mithilfe eines Hebels zusammenpresst, an dessen Ende schwere Säcke mit Steinen befestigt sind. Die Flüssigkeit läuft in einen Tonkrug. Nach einer Weile setzt sich das Öl an der Oberfläche ab.

350 v. Chr.
In Epidauros baut Polyklet der Jüngere, wahrscheinlich ein Neffe des berühmten Bildhauers Polyklet, für das Asklepeios-Heiligtum ein riesiges Theater, das größte in ganz Griechenland. Es fasst 14 000 Besucher.

336 v. Chr.
Philipp II. von Makedonien wird während einer Prozession ermordet. Manche Historiker glauben, dass er Opfer eines Komplotts seiner Frau Olympias wurde, die er verstoßen hatte. Sein 20 Jahre alter Sohn Alexander wird sein Nachfolger.

Wein und Weinstock

Die Griechen nennen den Wein ein „Geschenk des Dionysos". Ihr Lieblingsgetränk verdanken sie jedoch ägyptischen Bauern, die bereits 3000 v. Chr. Wein herstellen konnten. In der Antike wird süßer Wein bevorzugt. Die Trauben werden erst geerntet, wenn sie vollkommen ausgereift sind. Der Wein hat dadurch einen hohen Alkoholgehalt und wird mit Wasser verdünnt. Die geernteten Trauben werden in einem großen Fass gesammelt und mit den Füßen zerstampft. Nachdem der Saft aufgefangen wurde, wird der Traubenbrei noch einmal zertreten. Nach dem dritten Stampfen sind die Trauben völlig ausgepresst. Der minderwertige Wein, der aus diesem letzten Mus gewonnen wird, ist für die Sklaven bestimmt.

Der Wein von den griechischen Inseln ist sehr beliebt und teuer. Weine von besonders guter Qualität müssen noch drei oder vier Jahre reifen. Dem Wein werden teilweise auch Aromastoffe zugesetzt, wie Zimt, Pfefferminz, Thymian, Harz oder Honig. Ist der Wein zu sauer, schmeckt man ihn mit etwas Kalk ab. Dem für den Export bestimmten Wein fügt man Meerwasser hinzu, um ihn haltbar zu machen.

Im Gegensatz zum heutigen Weinanbau mit niedrig gehaltenen Rebstöcken, lassen die Griechen die Reben an Lauben oder Bäumen hochranken, wie hier an einer kleinen Eiche.

EIN FLEXIBLER KALENDER

Für die Feldarbeit brauchen die Bauern einen Kalender, dem sie entnehmen können, wann die rechte Zeit für die Aussaat ist, um ernten zu können, bevor die Regenfälle einsetzen. Der griechische Kalender besteht aus zwölf Mondphasen, d. h. der erste Tag des neuen Monats ist der erste Tag des Neumonds. Die einzelnen Monate haben somit zwischen 29 und 30 Tagen, das Jahr hat 354 Tage. Um die Differenz zum Sonnenkalender mit 365 Tagen auszugleichen, muss hin und wieder ein 13. Monat hinzugefügt werden. Eine weitere Schwierigkeit sind die von Stadt zu Stadt wechselnden Monatsnamen, die auf religiösen Festen beruhen. In Athen beginnt das neue Jahr im Sommer, der erste Monat heißt hekatombaion *und entspricht dem heutigen Juli.*

Andere Feldfrüchte

Nur ein Fünftel der Bodenfläche Griechenlands ist fruchtbares Ackerland. Hinzu kommt, dass das extreme Klima mit heißen Sommern und starken Regenfällen im Winter den Getreideanbau erschwert. Trotzdem bauen die Griechen Gerste und Weizen an, der Ertrag ist aber gering. Deshalb betreiben sie Tauschhandel mit Regionen, in denen viel Getreide angebaut wird, wie Ägypten, Sizilien und den Ländern an der Schwarzmeerküste (*siehe S. 62–63*). In Griechenland gedeihen auch Feigen und Granatäpfel sowie Äpfel und Birnen. Der Gemüseanbau beschränkt sich meist auf Bohnen, Linsen, Erbsen, Zwiebeln und Kohl.

Diese Statuette aus Terrakotta zeigt einen Bauern bei der Feldarbeit. Er benutzt einen einfachen Pflug, der von zwei Rindern gezogen wird.

335 v. Chr.
Als sie vom Tod Philipps von Makedonien erfahren, lehnen sich die Griechen gegen die makedonische Besatzung auf. Doch Alexander wirft die aufständische Armee nieder und zerstört Theben. Die Überlebenden werden als Sklaven verkauft.

335 v. Chr.
Beginn des Wiederaufbaus des großen Artemistempels von Ephesos, eines der sieben Weltwunder. Alexander besucht die Baustelle und bietet großzügig seine finanzielle Hilfe an, wird jedoch abgewiesen.

Die Landwirtschaft

Die griechischen Bauernhöfe liegen meist auf Hügeln und in der Nähe von Gewässern. Die Bauern halten Kleintiere und bauen verschiedene Feldfrüchte an. Während der Ernte gehen sie auf die Agora, den Marktplatz der Stadt, um Erntehelfer einzustellen.

Der Bauernhof

Die einzelnen Gebäude des Bauernhofs – Wohnhäuser, Getreidespeicher und Ställe – gruppieren sich um einen Innenhof. Hier stehen auch die Gerätschaften für das Pressen der Oliven und der Weintrauben. Außerdem gibt es eine kleine Schmiede, wo Werkzeuge aus Eisen repariert werden können, sowie einen Schuppen für Wagen und Pflug.

Der Hühnerhof

Hier werden meist Enten und Gänse gehalten. Hühner kennen die Griechen erst seit den Perserkriegen*. Sie wurden aus Persien nach Griechenland gebracht. Manchmal werden aber auch Perlhühner und sogar Fasane gehalten, die aus den nördlichen Regionen stammen.

Die Schweine

Schweinefleisch wird frisch verzehrt, in Salz konserviert oder geräuchert. Die Schweineherden werden in den Wald getrieben, wo sie genügend zu fressen finden. Sie werden von Hirten bewacht, von denen einige sogar als mythische Figuren auftauchen, wie z. B. der Schweinehirt Eumaios aus Ithaka. Er erkannte als Einziger Odysseus wieder, als er von seinen Irrfahrten zurückkehrte (*siehe S. 11 und 33*).

334 v. Chr.
Alexander gewinnt am Fluss Granikos seine erste Schlacht gegen die persischen Satrapen (Statthalter). Der persische König hatte auf seine Teilnahme an der Schlacht verzichtet, da er sich sicher war, die kleine griechische Streitmacht vernichtend schlagen zu können.

333 v. Chr.
Alexander besiegt bei Issos im Norden Syriens die persischen Truppen, die bei dieser Schlacht von König Dareios III. persönlich geführt werden. Der König kann fliehen, doch seine Familie und sein Gefolge werden gefangen genommen.

Bienen
Die Bienen erzeugen das einzige in Griechenland bekannte Mittel zum Süßen von Speisen und Getränken, den Honig. Der beliebteste Honig stammt aus dem Hymettosgebirge bei Athen. Wie wichtig dieses Produkt ist, beweist auch die Tatsache, dass viele Städte die Biene als Symbol auf ihre Geldstücke prägen lassen.

Rinder
Da in Griechenland ausgedehnte Weideflächen fehlen, gibt es nur wenige Rinder. Sie werden meist als Zugtiere eingesetzt und sind zudem beliebte Opfertiere. Genauso wertvoll wie das Fleisch sind auch die Haut der Rinder, aus der Lederwaren hergestellt werden, und die Hörner, die vielfältig verwendbar sind.

Schafe und Ziegen
Meist werden die Schaf- und Ziegenherden auf abgelegenen Weiden gehütet, da die häufig mehr als tausend Tiere zählenden Herden eine Gefahr für die Felder darstellen. Schafe und Ziegen sind Fleischlieferanten, werden aber auch wegen ihrer Milch und Wolle gehalten. In den Mythen tauchen nicht selten Schafhirten auf, die in der Einsamkeit der Berge leben und verirrte Reisende oder hilflose Kinder retten. Auch Ödipus (*siehe S. 32*) wird als Säugling in den Bergen ausgesetzt und von einem Schäfer aufgezogen. Als Kind hütet selbst Herakles Schafe und auch der große Apollon kümmert sich um seine Herden.

Pferde
Pferde sind selten. Nur die reichsten Griechen sind in der Lage, Pferde von den Züchtern aus dem Norden, meist aus Makedonien, zu kaufen. Pferde werden nicht zur Feldarbeit eingesetzt, sie sind wertvolle Reittiere, mit denen man reist, Krieg führt, an Rennen teilnimmt und manchmal auch zur Jagd geht. Arbeitstiere der Bauern hingegen sind der Esel und das Maultier.

DIE JAGD
Die Jagd auf Wildschweine und Hirschkühe ist ein so beliebtes Thema in den griechischen Mythen, dass man zurecht den Eindruck gewinnt, die Griechen seien begeisterte Jäger gewesen. Gejagt wird mit Pfeil und Bogen, Speer oder Steinschleuder. Man verwendet auch Netze, mit denen man das Beutetier einfängt. Auch Hunde werden bei der Jagd eingesetzt.

332 v. Chr.
Nach einer verlustreichen Belagerung nimmt Alexander die Hafenstadt Tyros im heutigen Libanon ein, eine treue Verbündete Persiens. Da Tyros auf einer Insel liegt, lässt Alexander einen langen Damm bauen, um die Stadt einzunehmen.

332 v. Chr.
Das noch von den Persern besetzte Ägypten ergibt sich Alexander kampflos. Dort wird er als Befreier willkommen geheißen. Als zukünftige Hauptstadt wird Alexandria gegründet, die allerdings erst von Ptolemaios, einem seiner Nachfolger, gebaut wird.

Schätze des Meeres

Ein Schwarm Tunfische ist an der Küste entlanggezogen – ein großer Fang für die Fischer! Auf dem Markt ist deshalb der Preis für diesen Fisch, den sich sonst nur reiche Leute leisten können, außergewöhnlich niedrig.

Das Meer als Nahrungsquelle

Griechenland ist fast vollständig vom Meer umgeben. Die Küstenbewohner gehen deshalb natürlich dem Fischfang nach und beliefern den Markt täglich mit einer reichhaltigen Auswahl von Meerestieren. Am größten und vielfältigsten ist der Markt in Athen, doch auch in jeder anderen Stadt haben die Fischer ihre Marktstände. Liegt eine Stadt weit von der Küste entfernt, kommt der Fisch in Salzlake eingelegt oder geräuchert auf den Markt. Fisch ist im antiken Griechenland zweifellos das wichtigste Nahrungsmittel.

Mit Feuer und Angelschnur

Da die Fischer wissen, dass Fische vom Licht angezogen werden, gehen sie bevorzugt nachts auf Fang, und zwar mithilfe einer brennenden Fackel, die sie am Vorderteil ihrer Boote befestigen. Wenn sie vom Ufer aus fischen, benutzen sie eine Angel, auf dem offenen Meer werfen sie ihr Netze aus. Der Wasserstand der wenigen Flüsse schwankt stark, Fische gibt es darin nur wenige. Eine besondere Spezialität sind die Aale aus dem Copais-See nördlich von Theben.

Der **Tunfisch** ① ist ein wohlschmeckender und teurer Fisch. Am häufigsten werden kleine Fische wie **Sardellen** und **Sardinen** ② gefangen, deshalb sind sie für alle erschwinglich. **Felsenfische** ③ und **Muscheln** ④ werden sowohl roh als auch gekocht verzehrt. Auch **Kraken** und **Kalmare** ⑤ sind beliebte Speisefische. In Eretria, wo Fischer ausschließlich Kalmare fangen, ist diese Tintenfischart sogar auf einer Münze abgebildet. Die Griechen gewinnen aus dem Meer auch **Salz** ⑥, das zum Kochen, aber auch für die Salzlake zur Haltbarmachung von Lebensmitteln verwendet wird. Schließlich holt man auch **Schwämme** ⑦ aus dem Meer, die man zum Waschen benutzt.

331 v. Chr.
Bei der Verfolgung des flüchtenden Dareios III. triumphiert Alexander in der Schlacht bei Gaugamela, östlich des Tigris. Danach erobert Alexander Babylon und Susa. Er lässt Persepolis niederbrennen, um die Zerstörung Athens durch die Perser 480 v. Chr. zu rächen.

330 v. Chr.
In Baktrien (im heutigen Afghanistan) wird Dareios III. durch den Satrapen Bessos ermordet, in der Hoffnung, dadurch die Gunst Alexanders zu erringen. Doch das Gegenteil tritt ein: Alexander lässt Bessos ein Jahr später als Königsmörder hinrichten.*

um 330 v. Chr.
Pytheas, Seefahrer und Geograf aus Massilia (Marseille), unternimmt eine Entdeckungsreise, die ihn bis in den Norden Großbritanniens führt, vielleicht sogar bis nach Norwegen.

328–326 v. Chr.
Alexander heiratet Roxane, Tochter eines persischen Satrapen. Er überquert den Indus und besiegt Poros, den König des Punjab. Weil seine Gefährten sich weigern, weiter nach Osten zu ziehen, kehrt er zu seiner Flotte an die Küste des Indischen Ozeans zurück.

Handel

Die Griechen haben schon sehr früh Handelsbeziehungen zu ihren Nachbarn rund um das Mittelmeer aufgebaut. Sie importieren aufgrund der kargen Bodenverhältnisse vor allem Rohstoffe und exportieren handwerkliche Produkte. Um den Handel zu fördern, werden die ersten Münzen geprägt.

Handelsgüter

Weil es in Griechenland nur wenig fruchtbares Ackerland gibt (*siehe S. 6*), muss ein Großteil des Getreides eingeführt werden. Die Griechen importieren auch Metalle, Holz, Leinen, Papyrus und Luxuswaren, wie z. B. Elfenbein. Im Gegenzug bieten sie ihre heimischen Produkte an: vor allem Olivenöl und Wein, aber auch Marmor und Silber, das sie in den Minen von Laurion im Südosten Attikas abbauen. Sie führen außerdem handwerkliche Produkte aus, ihre Töpferware z. B. zeichnet sich durch eine sehr hohe Qualität aus. Und schließlich handeln sie mit Gefäßen und Gerätschaften aus Bronze sowie mit Waffen und Werkzeugen. Der Handel wird durch die verwirrende Vielzahl unterschiedlicher Maßeinheiten in den Regionen rund um das Mittelmeer sehr erschwert. Dies gilt vor allem für Güter, deren Preis nach Gewicht berechnet wird, wie Getreide oder Flüssigkeiten. Die Griechen kennen dieses Problem auch im Binnenhandel. Viele ihrer Stadtstaaten haben eigene Maßeinheiten, die sie nicht aufgeben wollen.

In dieses Gefäß passen ungefähr 3 Liter Getreide. Es ist eine der Maßeinheiten, die in Athen verwendet wurde.

Von links nach rechts: Eine Tetradrachme aus Athen, ein Geldstück aus Syrakus und eine Münze mit dem Profil Alexanders des Großen.

MÜNZEN MIT SYMBOLEN

Münzen sind auch Prestigeobjekte. Jede Stadt prägt ihre Münzen deshalb mit den für sie wichtigen Symbolen. Auf Athens Münzen prangt eine Eule, Symbol für die Weisheit der Athena. Korinthische Münzen ziert das geflügelte Pferd Pegasos, auf Münzen aus Syrakus ist eine von Delfinen umgebene Nymphe dargestellt und Münzen der für ihren Reichtum an Getreide bekannten Stadt Metapont tragen eine Ähre. Seit der Zeit Alexanders des Großen werden die Köpfe der Herrscher auf die Münzen geprägt, wodurch man heute präzise ihr Alter bestimmen kann.

Das erste „Geld"

Lange Zeit bestimmt der Tauschhandel das geschäftliche Leben in Griechenland, d. h. ein Produkt wird gegen ein anderes eingetauscht. Dann benutzen die Griechen ein abgewogenes Metallstück oder Haustiere als Tauschwert. Zur Zeit Drakons z. B. (*siehe S. 12*) gelten in Athen Rinder als Wertmaßstab bei großen Geschäften.

Der *obolos* ist ein Vorläufer des Münzgeldes; er hat die Form eines länglichen Stabes, sein Gewicht ist genormt. Von dieser Bezeichnung leitet sich auch das Wort „Obolus" ab. Zwischen 650 und 600 v. Chr. kommen in der griechischen Welt die ersten Münzen auf, die sich nach dem Prinzip der *oboloi* orientieren. Sie bestehen aus Gold, Silber, Kupfer oder Bronze und haben jeweils immer das gleiche Gewicht. Geldstücke sind somit eigentlich eine Gewichtseinheit.

323 v. Chr.
In Babylon entwirft Alexander einen Plan zur Eroberung der Welt. Doch er stirbt bereits mit 33 Jahren an Fleckfieber. Seine fünf wichtigsten Generäle teilen sein Reich unter sich auf, fangen aber bereits nach kurzer Zeit an, sich untereinander zu bekriegen.

um 320 v. Chr.
Beginn des ersten Bauabschnitts der Chinesischen Mauer über eine Länge von 1000 km. Sie soll die Angriffe der Barbaren aus den Steppen abwehren. Die „Mauer von Tsin" gibt dem Land seinen Namen: China.*

Der rege Handel, der im 5. Jahrhundert v. Chr. im gesamten Mittelmeerraum betrieben wird, ist vor allem auf die außergewöhnliche Mobilität der griechischen Bevölkerung zurückzuführen. Auch ihre herausragenden Leistungen in der Seefahrt tragen dazu bei.

Einheitliches Münzsystem

Nach und nach verbreitet sich das Münzsystem in ganz Griechenland. Griechische Händler sorgen dafür, dass es auch im gesamten Mittelmeerraum Einzug hält. Manche Städte sind sehr wohlhabend und können es sich leisten, so viele Münzen zu prägen, dass sich diese in der ganzen Mittelmeerregion ausbreiten. Ein Beispiel hierfür ist die Athener Tetradrachme („Vier Drachmen"). Nur Sparta weigert sich lange, das Münzsystem einzuführen und handelt weiterhin mit *oboloi*.

Der Wert der Münzen

Eine Liste der in der griechischen Welt üblichen Münzen, nach ihrem Wert geordnet:

- *Der Chalkos, eine kleine Münze aus Bronze oder Kupfer*
- *Der silberne Obol, 12 Chalkoi wert*
- *Die Drachme, das meist verbreitete Geldstück, wiegt 6,28 Gramm und ist 6 Obole wert. Die Drachme war bis zur Einführung des Euro Griechenlands Währung.*
- *Der silberne Stater, 2 Drachmen wert*
- *Der goldene Stater, 20 Drachmen wert*
- *Die goldene Mine, das frühere Standardmaß, wiegt 628 Gramm und ist 100 Drachmen wert.*
- *Das Talent, 60 Minen wert*

312 v. Chr.
Bau der Via Appia von Rom nach Capua. Später führt die Straße weiter bis nach Brindisi an die Adriaküste. Anfangs hat sie vorwiegend strategische Bedeutung, wird aber schnell auch zu einem wichtigen Handels- und Verkehrsweg.

312 v. Chr.
Einer der Erben Alexanders, König Seleukos I. Nikator von Syrien und Babylonien, versucht Alexanders Großreich wieder zusammenzuführen. Er scheitert an dem Versuch, Indien zu unterwerfen.

Auf der Agora

Die Agora ist der Mittelpunkt der Stadt. Hier trifft man sich, um Neuigkeiten auszutauschen, kauft ein und besucht die Tempel. Die Institution eines öffentlichen Platzes ist eine Erfindung der Griechen. Hier liegt die Wurzel der Demokratie.

Die Händler auf der Agora sind meistens Männer. Es gibt aber auch Frauen aus unteren Schichten, wie diese Brotverkäuferin, die dort ihre Waren anbieten.

Ein großer freier Platz

Der Begriff Agora leitet sich vom griechischen Verb *ageirein* (zusammenkommen) ab. In der Tat hat jede griechische Stadt in ihrer Mitte einen großen freien Platz, auf dem sich die Bürger versammeln können. Die Agora wird von Verwaltungsgebäuden gesäumt: Auf den Stufen am Fuße des Buleuterion treffen sich die Volksvertreter, im Gericht werden Rechtsfragen geklärt und in den großen Säulenhallen finden politische und kulturelle Veranstaltungen statt, manchmal werden hier sogar Geschäfte abgeschlossen. Auf der Agora werden auch religiöse Feste gefeiert. Am Rande des Platzes befindet sich meist ein Tempel, in dem Statuen und Stelen bedeutender Männer der Stadt aufgestellt sind. Steht der Tempel in einem anderen Viertel der Stadt, führen alle Prozessionen dorthin über die Agora. Um die Würde des Platzes zu schützen, ist Gesetzesbrechern das Betreten der Agora verboten. Die Teilnehmer religiöser Zeremonien müssen sich vorher reinigen. Zu diesem Zweck stehen mit Wasser gefüllte Amphoren an den Eingängen der Agora bereit.

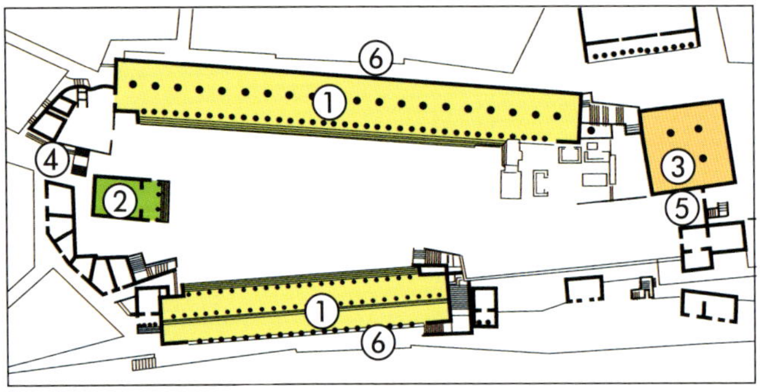

Lageplan der Agora der griechischen Stadt Assos an der türkischen Küste
① Säulenhallen
② Tempel
③ Buleuterion
④ Westtor
⑤ Osttor
⑥ gepflasterte Wege

310–230 v. Chr.
Lebenszeit des Aristarchos von Samos. Im Gegensatz zum Weltbild anderer griechischer Gelehrter ist er als Erster der Ansicht, dass sich die Erde um die eigene Achse, aber auch um die Sonne dreht. Erst Kopernikus beweist 1543, dass Aristarchos Recht hatte.

um 310 v. Chr.
In Indien vertreibt Tshandragupta Maurya König Seleukos I. Nikator vom Thron und erweitert sein Reich. Sein Enkel Ashoka tritt zum Buddhismus über. Unter ihm erlebt das Land eine Zeit des Friedens und der Toleranz.

Heiliger Ort oder Marktplatz?

Ursprünglich als Ort für religiöse und politische Zusammenkünfte vorgesehen, gewinnt auf der Agora der Handel immer stärker an Bedeutung. Die Organisation der Märkte wird Beamten übertragen, den *agoranomoi*. Die Inhaber der Marktstände sind Bürger, die Verkäufer hingegen Metöken* oder Sklaven. Sie bauen ihre Stände dicht an dicht innerhalb und außerhalb der Säulenhallen auf und beanspruchen immer mehr Platz für sich. Einige Philosophen, unter ihnen auch Platon, protestieren gegen diese Entwicklung, da die Agora für sie ein heiliger Ort ist. Als Kompromiss werden am Rand des Platzes Markthallen für die Geschäftsleute errichtet, die aber den direkten Zugang zur Agora ermöglichen.

Handwerker auf der Agora

Die Philosophen schätzen den Wert körperlicher Arbeit nicht sonderlich hoch, ganz im Gegensatz zu den griechischen Bürgern. Auf der Agora befinden sich deshalb auch Werkstätten von Handwerkern. Höchstes Ansehen genießen die Töpfer. Sie fertigen Keramiken bester Qualität, oft mit kunstvollen Mustern oder mythologischen Szenen versehen. Die Waffenschmiede stehen ihnen in nichts nach, ihre Produkte sind in Griechenland sehr begehrt. In manchen Werkstätten sind mehr als hundert Arbeiter damit beschäftigt, Schwerter zu schmieden oder Helme und Schilde zu fertigen. Auf der Agora bieten aber auch Friseure und Parfümeure ihre Dienste an. Für Unterhaltung sorgen Akrobaten und Tierbändiger.

DEN MUND VOLLER GELD

Da die Kleidung der Griechen keine Taschen kennt, sollen die Athener ihr Geld im Mund getragen haben. So jedenfalls beschreibt es der Komödiendichter Aristophanes. Ihm zufolge geht man also mit vollem Mund und leeren Händen auf den Markt, um mit leerem Mund und vollen Händen zurückzukehren!

307 v. Chr.
Ptolemaios I., einer der Generäle Alexanders, der über Ägypten herrscht, lässt den Geschichtsschreiber Demetrios von Phaleron nach Alexandria kommen. Sie gründen ein Museum und eine Bibliothek. Im ganzen Mittelmeerraum lassen sie nach seltenen Büchern suchen.

304 v. Chr.
Rhodos widersteht der Belagerung durch Demetrios Poliorketes. Um Apollon für diesen Sieg zu danken, erbauen die Bewohner von Rhodos aus dem Metall der Kriegsmaschinen eine Statue von kolossalem Ausmaß, eines der sieben Weltwunder.

Die Welt der Sklaven

Die Agora ist nicht nur Umschlagplatz für Waren aller Art, hier kann man auch Sklaven kaufen. Obwohl Griechenland als die Wiege der Demokratie gilt, ist die Sklavenhaltung erlaubt. Es gibt viele Gründe, die einen Menschen zum Sklaven machen.

In Griechenland gibt es in den Häusern kein fließendes Wasser. Der Gang zum Brunnen gehört deshalb zum Alltag, eine Aufgabe für die Sklaven.

Wie wird man ein Sklave?

Die meisten Sklaven sind Kriegsgefangene. So kann z. B. ein besiegter Barbare* als Sklave verkauft werden. Das gleiche Schicksal kann aber auch einen griechischer Bürger einer unterworfenen Stadt ereilen. Diese Problematik ist auch in Griechenland Gegenstand heftiger Diskussionen. So verlangt der Philosoph Platon, dass ausschließlich Barbaren* versklavt werden dürfen. Doch sein Vorschlag wird abgelehnt. Ein weiterer Grund für die Versklavung können Schulden sein, die man nicht zurückzahlen kann. In diesem Fall wird der Schuldner zu Gunsten seines Gläubigers verkauft. Allein Athen lehnt dieses Vorgehen ab. Auch von Piraten gefangen genommene Seeleute werden auf dem Sklavenmarkt verkauft. Schließlich können selbst Kinder zu Sklaven werden, z. B. wenn sie von Menschenhändlern entführt oder von ihren Eltern ausgesetzt worden sind. In diesem Fall nimmt sich die jeweilige Stadt der Kinder an und setzt sie zur Arbeit ein.

Die schwerste Arbeit müssen die Sklaven in den Bergwerken verrichten, z. B. in den Silberminen von Laurion. Die Sklaven, die dort arbeiten, sterben meist schon sehr jung.

Vielfältige Aufgaben

In Athen machen die Sklaven rund ein Drittel der Bevölkerung aus. In anderen Städten, wie in Sparta, leben sogar mehr Sklaven als Bürger. Für einen reichen Athener ist der Besitz von 50 Sklaven keine Seltenheit. In der Werkstatt für Schilde der Brüder Lysias und Polemarchos werden sogar bis zu 120 Sklaven beschäftigt. Die Lebensumstände der Sklaven sind sehr unterschiedlich. Es gibt Sklaven, die als Ärzte, Musiker, Beamte, Erzieher oder sogar als Bankiers arbeiten, andere wiederum schuften in Steinbrüchen, Minen oder auf großen Bauernhöfen. Ein Großteil der Arbeit im Haus, aber auch in Werkstätten und Schreibstuben, wird von Sklaven erledigt.

Jede Stadt verfügt über eine große Zahl an „öffentlichen Sklaven", die der Verwaltung zuarbeiten oder für Sicherheit und Ordnung in der Stadt zuständig sind. Sie werden bezahlt und dürfen ihre Wohnung frei wählen. Athen unterhält eine Stadtpolizei, die aus 1000 skythischen Bogenschützen besteht, einem Volk aus dem Süden des heutigen Russland. Auch sie sind Sklaven.

BEINAHE EIN SKLAVE

Der Philosoph Platon (siehe S. 72–73) *wird auf einer Reise nach Sizilien von Piraten überfallen und auf dem Sklavenmarkt von Ägina verkauft. Dort erkennt ihn ein Bewunderer seiner Werke und kauft ihn frei. Trotz dieser Erfahrung bleibt Platon bei seiner Ansicht, die Sklaven hätten ihr Schicksal verdient: Sklave zu sein sei ein naturgegebener Zustand!*

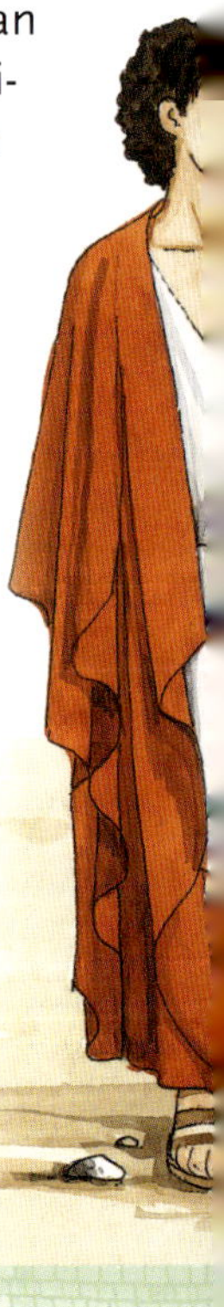

um 300 v. Chr.
Der Mathematiker Euklid, der von Ptolemaios I. an den Hof von Alexandria geholt wurde, veröffentlicht das Lehrbuch Die Elemente *– ein Standardwerk, in dem er die bekannten mathematischen Regeln zusammenfasst und durch eigene Erkenntnisse ergänzt.*

300 v. Chr.
Der babylonische Priester Berosos gründet auf der Insel Kos eine Astrologenschule. Die Astrologie kommt aus Mesopotamien und breitet sich in der griechischen Welt rasch aus, obwohl sie von griechischen Astronomen wie Eudoxos oder Karneades abgelehnt wird.

Die Stellung der Sklaven

Für seinen Besitzer ist der Sklave nicht mehr als ein „lebendiges Werkzeug". Das damalige Recht behandelt Sklaven nicht als Menschen, sondern als männliche oder weibliche „Körper". Deshalb können Sklaven auch nicht heiraten. Mit Erlaubnis ihres Herren dürfen sie jedoch Kinder haben, die ebenfalls zu Sklaven werden. Gleichwohl gibt es auch einige Regeln zu ihrem Schutz: Ein Sklave, der misshandelt wird, kann sich in einen Tempel flüchten und einen anderen Herren verlangen. Vor allem aber ist Sklaverei kein lebenslanges Schicksal. Nicht selten werden die Sklaven von ihren Herren freigelassen oder sie haben genug Geld gespart, um sich freizukaufen. Sogar unter den reichen Bürgern sind ehemalige Sklaven zu finden. In Athen z. B. gab es einen Mann, der als Sklave in der Bank seines Herren gearbeitet hat, seine Freiheit wiedererlangt und später die Bank selbst übernahm!

Einige Städte haben sich auf den Sklavenhandel spezialisiert, kaufen kann man Sklaven aber in jeder Stadt. Neben dem Weizen sind Sklaven die meistgehandelte Ware!

um 280 v. Chr.
Ptolemaios II. lässt am Eingang des auf der Insel Pharos liegenden Hafens der Stadt Alexandria einen riesigen Leuchtturm bauen. Er gilt als eines der sieben Weltwunder und wird erst im 14. Jahrhundert durch zwei Erdbeben zerstört.

280–272 v. Chr.
Pyrrhos ist ein großer General, aber ein mittelmäßiger Staatsmann. Er unternimmt einen kostspieligen Feldzug gegen Rom. Nach verlustreichen Schlachten verbündet er sich mit den Griechen. Er stirbt bei dem Versuch, Argos zu besetzen.

Maler und Bildhauer

In der frühen Antike werden die Maler und Bildhauer vor allem als Handwerker angesehen, die Gegenstände für den Alltag oder für religiöse Handlungen herstellen. Ab dem 5. Jahrhundert v. Chr. entwickeln die Griechen jedoch ein bahnbrechend modernes Kunstverständnis: Sie schaffen Kunst um der Kunst willen.

Gegenständliche Kunst

Die ersten griechischen Skulpturen werden aus Holz gefertigt. Ab dem 7. Jahrhundert v. Chr. wird dieses Material durch Stein, meist durch Marmor, ersetzt. In dieser Zeit haben die meisten Statuen ein gemeinsames Motiv, sie stellen eine aufrecht stehende Figur dar. Die Statue eines nackten Jünglings wird als Kuros bezeichnet. Das weibliche Gegenstück, die Kore, ist dagegen immer bekleidet.

Dieser Kuros aus dem 6. Jahrhundert v. Chr. ist charakteristisch für die Bildhauerkunst jener Zeit. Der starke ägyptische Einfluss ist unverkennbar. Diese Statuen werden als Opfergaben im Tempel aufgestellt.

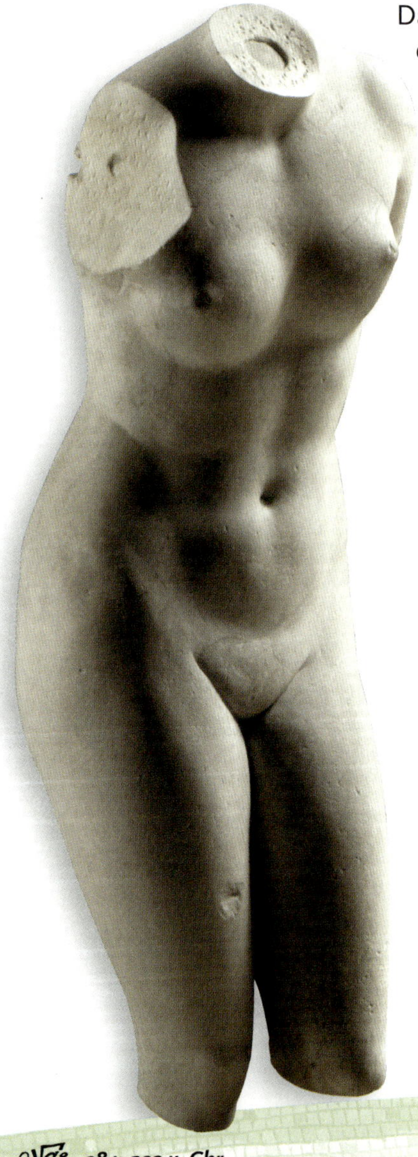

Praxiteles von Athen ist der Erste, der die Göttinnen unverhüllt darstellt. Seine nackte Aphrodite ist 330 v. Chr. ein Skandal, erfreut sich aber noch heute hoher Wertschätzung.

Freiheit der Formen

Im 5. Jahrhundert v. Chr. entwickelt sich eine freiere und realitätsnahe Bildhauerkunst. Mit dem Künstler Myron kommt Bewegung in die Figuren. Sein berühmtestes Werk ist der Diskuswerfer (*siehe S. 74*). Wenig später tritt der herausragende Künstler dieses Jahrhunderts in Erscheinung – Phidias, der Gestalter des Parthenon (*siehe S. 19, 37 und 44*). Seine Skulpturen drücken über die Bewegung hinaus nunmehr auch Gefühle aus. Neben ihm gehört Polyklet aus Argos zu den berühmtesten Bildhauern seiner Zeit. In seinem *Kanon* beschreibt er die Idealproportionen, die aus dem ausgewogenen Verhältnis der einzelnen menschlichen Körperteile resultieren. Die Verkörperung dieses *Kanon* schafft er in seiner Statue des Doryphoros (Speerträger).

284–202 v. Chr.
Lebenszeit des Eratosthenes, Astronom und Geograf. Als Leiter der Bibliothek von Alexandria berechnet er ziemlich genau den Erdumfang.

270 v. Chr.
Kallimachos, Dichter und Bibliothekar in der Bibliothek von Alexandria, stellt einen Katalog des dortigen Bücherbestands zusammen. Allein dieser Katalog umfasst 120 Bände. Ihm verdanken wir die Liste der sieben Weltwunder.

Dieses Fresko aus Paestum zeigt einen jungen Mann, der von einem Felsvorsprung springt, vielleicht anlässlich einer Begräbniszeremonie.

DIE MOSAIKEN

Die Wände der griechischen Häuser sind oft mit Malereien geschmückt. Ab dem 4. Jahrhundert v. Chr. zieren Mosaiken den Boden der Gymnasien und der Häuser wohlhabender Griechen. Ein Mosaik ähnelt einem Teppich, es ist strapazierfähig und bunt. Anfangs werden Mosaiken aus bunten Kieseln zusammengesetzt. Später werden kleine Steinquadrate zurechtgeschnitten, in verschiedenen Farben eingefärbt und zu kunstvollen Mustern oder zu detailgetreuen Abbildungen von Figuren und Tieren aneinandergefügt.

Die Entdeckung der Perspektive

Die Malerei hat im antiken Griechenland einen hohen Stellenwert. Doch wegen der empfindlichen Materialien sind diese Zeugnisse griechischer Kunst heute leider verloren. Die griechischen Maler und ihre Werke kennen wir nur durch die Beschreibungen von Plinius dem Älteren, einem römischen Schriftsteller aus dem 1. Jahrhundert v. Chr. Fresken in Grabstätten in Makedonien und Paestum lassen jedoch erahnen, wie groß die Kunstfertigkeit der Maler dieser Zeit gewesen ist.

Die kunstvolle Ausgestaltung von Tempeln und Gymnasien gewinnt immer mehr an Bedeutung. Daneben legen wohlhabende Griechen zunehmend Wert auf eine attraktive Fassade ihrer Villen. Die Malerei steht also hoch im Kurs und die Künstler sehen sich gefordert, immer kreativer zu arbeiten. Ein Durchbruch gelingt ab dem 5. Jahrhundert v. Chr. mit der realistischen Darstellung von Räumlichkeit und Perspektive. Polygnotos ist einer der Ersten, der Frauen in durchsichtigen Gewändern malt und dem es gelingt, Gefühlsregungen in den Gesichtern zum Ausdruck zu bringen. Wie schon die Bildhauerei entwickelt sich auch die Malerei nach und nach zur Kunst.

Der Maler Zeuxis, berühmt für sein Gemälde der Schönen Helena, beendet gerade das Bild eines mit Trauben gefüllten Obstkorbs. Seine Bilder sollen so realistisch ausgesehen haben, dass die Vögel an seinen gemalten Trauben pickten.

264–146 v. Chr.
264 v. Chr. beginnt der Erste Punische Krieg. Nachdem die Römer Messina angegriffen haben, erklären ihnen die Karthager den Krieg. Die endlos langen kriegerischen Auseinandersetzungen enden mit der römischen Vorherrschaft über das westliche Mittelmeer.

um 250 v. Chr.
Der bedeutende Mathematiker und Physiker Archimedes von Syrakus entwickelt das so genannte „Archimedische Prinzip", nach dem der Auftrieb eines Körpers in einer Flüssigkeit dem Gewicht der verdrängten Flüssigkeit entspricht.

Tragödie und Komödie

Die Griechen sind die Ersten, die Theaterstücke schreiben und große Theater bauen, um diese Stücke in Szene zu setzen. Das *theatron*, „der Ort, in dem man schaut", ist bei den Griechen sehr beliebt.

Ein Theater für jede Stadt

Die ersten Theateraufführungen finden noch auf der Agora statt (*siehe S. 64–65*). Doch schon bald werden in den Städten rund um den Platz Holztribünen für das Theaterspiel errichtet. Ab dem 4. Jahrhundert v. Chr. besitzt jede griechische Stadt ihr eigenes Theater mit Zuschauerrängen aus Stein. Der Platz für ein Theater muss an einem Berghang liegen, in den im Halbrund (*koilon*) die Steinstufen für die Zuschauer eingegraben werden. Vor den Rängen befindet sich die *orchestra*, das Spielrund, wo der Chor* seinen Platz hat. Die Schauspieler treten auf dem *proskenion*, der erhöhten Bühne, auf. Im Hintergrund der Bühne steht das Bühnenbild.

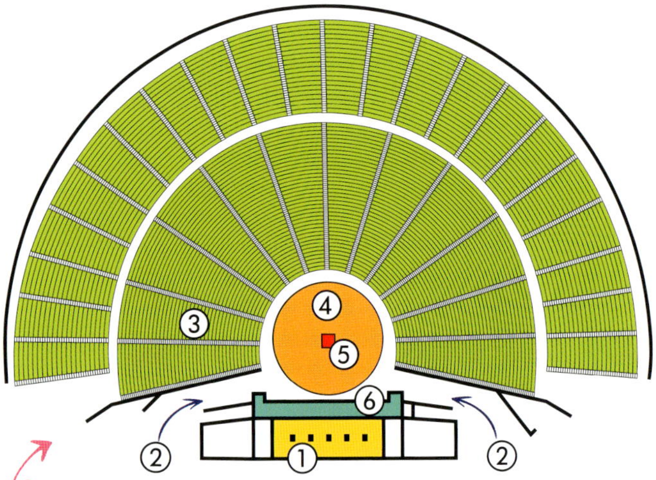

Plan des Theaters von Epidauros: Auf beiden Seiten des Bühnenhauses, der skene ①, *gelangt man über die* paradoi ② *zum* koilon ③ *und zur* orchestra ④, *in deren Mitte sich der* Altar ⑤ *befindet. Auf dem* proskenion ⑥ *treten die Schauspieler auf.*

Das im 4. Jahrhundert v. Chr. erbaute Theater von Epidauros fasst 14 000 Zuschauer. Es ist eines der besterhaltenen Theater Griechenlands. Noch heute finden in dieser großartigen Kulisse Aufführungen statt.

SPUREN DER GESCHICHTE

241–230 v. Chr.
König Attalos I. von Pergamon wehrt sich erfolgreich gegen die barbarischen Galater. Diese Gallierhorden hatten zuvor Griechenland und Kleinasien angegriffen. Nach der Niederlage ziehen sie sich in eine benachbarte Region zurück.*

237 v. Chr.
Im ägyptischen Edfu lässt Ptolemaios III. einen riesigen Tempel zu Ehren des Horus errichten. Er ist heute das besterhaltene Heiligtum Ägyptens.

Die Schauspieler tragen Masken. Jede Maske ist einer bestimmten Rolle zugeordnet: Eine weiße Maske mit verkniffenem Gesichtsausdruck symbolisiert eine tragische, eine leuchtend bunte Maske eine komische Rolle. Die Masken dienen außerdem zur Verstärkung der Stimme.

Theater und Religion

Eine Theateraufführung ist im antiken Griechenland immer auch eine religiöse Zeremonie zu Ehren des Gottes Dionysos. Das Theaterspiel nahm wahrscheinlich seinen Anfang mit einem Chor*, der Gesänge und Tänze anlässlich eines Dankfestes für den Gott des Weines darbot. In jedem Theater gibt es einen kleinen Altar, auf dem einem Gott Opfergaben dargebracht werden. Jede Aufführung ist auch ein Wettstreit, wobei die Einsätze den Dichtern, Schauspielern und Choregen* zufließen.

DIE KATHARSIS

Der griechische Philosoph Aristoteles ist der Meinung, dass das Theaterspiel bei den Zuschauern starke Gefühle freisetzt und eine Reinigung der Seele auslöst. Diesen Prozess nennt er „Katharsis". Die Katharsis kann allerdings auch ins Gegenteil umschlagen. Phrynichos schreibt um 492 v. Chr. ein Stück über die Einnahme Milets durch die Perser. Die Darstellung der Zerstörung der griechischen Stadt ist so bewegend, dass die Zuschauer in Tränen ausbrechen. Das Stück wird daraufhin abgesetzt, da es mutlos und traurig macht, anstatt, wie beabsichtigt, Rachegelüste zu wecken.

Die griechische Tragödie

Der Begriff Tragödie ist wahrscheinlich die Verknüpfung der griechischen Wörter *tragos* (Bock) und *oide* (Gesang). Den „Bocksgesang" stimmten die Satyrn* an, während Dionysos ein Ziegenbock geopfert wurde. Anfangs spielt ein einziger Darsteller alle Rollen eines Stückes. Später wächst die Zahl der Schauspieler auf drei bis fünf an, immer ausschließlich Männer. Auch Frauenrollen werden von Männern gespielt.

Die größten griechischen Tragödiendichter leben im 5. Jahrhundert v. Chr. Sie schreiben ihre Stücke in Versen, das Thema ist immer der Mythologie entnommen. Zu den berühmtesten Dichtern gehören Aischylos, der etwa 90 Tragödien (u.a. *Die Perser*) verfasst hat, und Euripides, dem 92 Stücke zugeschrieben werden. Zu den insgesamt 123 Theaterstücken des Sophokles zählt auch *König Ödipus* (*siehe S. 32*).

Die Komödie und die „Oper"

Neben der Tragödie ist die Komödie im antiken Theater sehr beliebt. Der bekannteste Komödiendichter ist Aristophanes. In seinen 46 Werken macht er sich über die damalige Gesellschaft lustig und verurteilt den fortwährenden Krieg zwischen den griechischen Städten. In seinen *Wespen* verhöhnt er den Hang der Athener, schon wegen Nichtigkeiten Prozesse zu führen. In den *Wolken* übt er Kritik an der manipulierenden Sprache der Sophisten (*siehe S. 72*). Aristophanes schildert in seinen Komödien das Alltagsleben der Griechen sehr genau.

Ähnlich wie bei den Tragödien werden im lyrischen Gesang, einem Vorläufer der Oper, Helden und Götter verherrlicht. Sein berühmtester Schöpfer ist Pindar, bekannt durch seine Bücher mit Liedern für die Sieger bei den Olympischen und anderen Wettspielen.

Man hat viele Tonstatuetten gefunden, die Schauspieler darstellen. Hier ein Komödiant.

218 v. Chr.
Nach der Eroberung von Sagunt (im heutigen Spanien), überquert der karthagische Feldherr Hannibal mit seinen Elefanten erst die Pyrenäen und dann die Alpen, um die römischen Truppen anzugreifen. Das ist der Beginn des Zweiten Punischen Krieges.

212 v. Chr.
Nach dreijähriger Belagerung wird Syrakus von den Römern zurückerobert. Bei den Kampfhandlungen stirbt der geniale Wissenschaftler Archimedes, dem wir viele Erkenntnisse in der Mathematik, der Geometrie und der Mechanik verdanken.

Philosophen und Gelehrte

Auf der Grundlage ägyptischer und mesopotamischer Überlieferungen entwickeln die Griechen eine eigene philosophische Tradition. Die Philosophen, oft Naturwissenschaftler, denken rational und lösen sich von den Vorstellungen des Glaubens.

Heute gilt Sokrates (um 470–399 v. Chr.) als der berühmteste griechische Philosoph. Seine Werke kennen wir allerdings nur aus Berichten seines Schülers Platon. Die philosophische Ethik von Sokrates beruht auf dem berühmten Satz: „Erkenne dich selbst und du wirst das Universum und die Götter erkennen."

Zwischen Naturwissenschaft und Philosophie

Seit dem 6. Jahrhundert v. Chr. befassen sich griechische Denker mit fundamentalen Fragen: Wie ist die Welt entstanden? Welchen Platz nimmt die Erde im Weltall ein? Sie suchen nicht nach religiösen Erklärungen, sondern begründen ihr Weltbild mit wissenschaftlichen Erkenntnissen. Aristarchos von Samos vertritt die Meinung, die Erde sei nicht das Zentrum des Universums, sondern drehe sich um die Sonne. Er behauptet auch, die Sonne sei hundert Mal größer als die Erde. Diese Denker nennt man *philosophoi*, „Freunde der Weisheit". In der Antike gelten z. B. auch Thales und Pythagoras (6. Jahrhundert v. Chr.) als Philosophen, heute sind sie als Mathematiker bekannt. Mit Sokrates (5. Jahrhundert v. Chr.) und seinem Schüler Platon konzentriert sich das philosophische Denken auf die moralische Vervollkommnung des Einzelnen.

Bildung und Philosophie

Die wohlhabenden Philosophen geben ihr Gedankengut weiter, ohne dafür eine finanzielle Gegenleistung zu verlangen. Sie unterrichten an Lehrstätten, die mit ihrem Namen verbunden sind. Im 4. Jahrhundert v. Chr. lehrt z. B. Platon an seiner berühmten Akademie und Aristoteles in seiner gleichnamigen Philosophenschule.

Noch im 5. Jahrhundert v. Chr. ziehen die Sophisten von Stadt zu Stadt und bieten Söhnen reicher Griechen ihre Dienste als Hauslehrer an (*siehe S. 47*). Bei den Sophisten steht nicht das Wissen selbst, sondern die Weitergabe des Wissens im Vordergrund. Ihr Ziel ist, aus ihren Schülern brillante Redner (Rhetoriker) zu machen, die mit ihrer Argumentation (Dialektik) die Zuhörer überzeugen, um welches Thema es sich auch immer handeln mag. Einer der berühmtesten Sophisten ist Protagoras (485–415 v. Chr.).

Dieses römische Mosaik aus Pompeji zeigt die von Platon im Jahre 387 v. Chr. gegründete Akademie. Sie lag in den Akademosgärten in Athen. Der Philosoph ist von sechs Schülern umgeben.

206 v. Chr.
In China kommt die Han-Dynastie an die Macht. In den vier Jahrhunderten ihrer Herrschaft erlebt das Land eine Zeit des Friedens und der Demokratie. Dank der Seidenstraße floriert auch der Handel.

150 v. Chr.
Das Alte Testament wird erstmals ins Griechische übersetzt. Die Übersetzung wird „Septuaginta" genannt, da sie angeblich von 70 Schriftgelehrten für die Judengemeinde in Alexandria angefertigt wurde.

Nach seinem Studium bei Platon übernimmt Aristoteles (384–322 v. Chr.) die Aufgabe, den jungen Alexander zu erziehen (siehe S. 26). Neben seinen wissenschaftlichen Werken über die Pflanzen- und Tierwelt gilt Aristoteles vor allem als der Vater des logischen Denkens. Er verfasst auch Abhandlungen über Moral und Politik.

Die Ingenieure und ihre „nutzlosen" Maschinen

Die griechischen Philosophen sind zwar Wissenschaftler und Forscher, für den praktischen Nutzen ihrer Erkenntnisse aber interessieren sie sich nicht. Nur Hippokrates (460–377 v. Chr.) und seine Schüler sind Ausnahmen. Sie gelten als die Begründer der wissenschaftlichen Medizin. Platon dagegen kritisiert den Ingenieur Archytas heftig, weil er eine kleine Flugmaschine erfunden hat. Für den Philosophen ist die Arbeit des Ingenieurs blanker Unsinn.

In der Bibliotheks- und Universitätsstadt Alexandria hingegen arbeiten Ingenieure an wegweisenden Erfindungen, die teilweise bis heute von Bedeutung sind, wie z. B. die Wasseruhr. Die meisten Erfindungen werden aber als Spielerei angesehen und nicht in die Praxis umgesetzt. Warum sollte man Maschinen bauen, wenn es doch genug Sklaven gibt, um die Arbeiten zu erledigen?

DIOGENES, EIN AUSSERGEWÖHNLICHER PHILOSOPH

Auch die Schriften des Philosophen Diogenes sind nur durch Überlieferungen seiner Zeitgenossen bekannt. Angeblich soll der Zyniker in einer Tonne gelebt und alle Ehrerbietungen strikt abgelehnt haben. Eines Mittags ging er mit einer Laterne durch Athen. Auf entsprechende Fragen antwortete er: „Ich suche einen Menschen." Als ihn Alexander der Große eines Tages fragte, was er sich wünsche, sagte er einfach: „Geh mir aus der Sonne."*

Ein Laboratorium in Alexandria. Die Ingenieure stehen vor einer Aeolipile, einer frühen Vorstufe der Dampfmaschine. Im Hintergrund experimentieren Wissenschaftler mit einer Saugpumpe.

um 150 v. Chr.
Der griechische Astronom Hipparchos legt die Position von rund 800 Sternen fest. Außerdem erfindet er das Astrolabium, ein Instrument zur Messung der Höhe von Gestirnen, und die Dioptra, ein optisches Gerät.

146 v. Chr.
Die griechische Stadt Korinth wird vom römischen Feldherrn Mummius belagert, eingenommen und vollständig zerstört. Die Bewohner werden in die Sklaverei verkauft. Durch diese Niederlage wird Griechenland römische Provinz.

Der Diskuswerfer des griechischen Bildhauers Myron. Bekannt geworden ist diese Skulptur nur durch Kopien römischer Künstler.

Das Erbe der alten Griechen

Das antike Griechenland hat in unserer heutigen Welt unübersehbare Spuren hinterlassen. Architektur, Literatur und sogar die Politik in Europa sind von der griechischen Zivilisation geprägt. Seit dem 19. Jahrhundert sind Archäologen den Zeugnissen der griechischen Kultur, die uns bis heute begleitet, auf der Spur.

Überlieferung durch die Römer

Die ersten Bewunderer der griechischen Kultur waren die Römer. Der Hellenismus* war wegweisend für ihre Kunst, insbesondere die Architektur, Bildhauerei und Malerei. Mit der Aufnahme der Zeugnisse der griechischen Kunst und Wissenschaft in ihre eigene Zivilisation überlieferten uns die Römer auch Einblicke in die griechische Kultur. Verstärkt wurden diese Einblicke durch die Ausgrabungen im 19. Jahrhundert. Von der griechischen Architektur beeinflusste Bauwerke versetzen heute niemanden mehr in Erstaunen. Und selbst im Architekturstudium der Neuzeit hat die griechische Baukunst einen gewissen Stellenwert.

Das antike Griechenland fasziniert bis heute. Hier eine Aufführung von Phädra, einer Tragödie von Racine über das Schicksal der Gattin des Theseus. Das Stück wird bis heute, auch in modernen Inszenierungen, immer wieder aufgeführt.

Antike Tragödien auf dem Spielplan

Auch die europäische Literatur ist stark von der griechischen Kultur beeinflusst. Noch heute kennt man die Abenteuer des Herakles (*siehe S. 34–35*) und die Irrfahrten des Odysseus (*siehe S. 10–11*). Viele Theaterstücke haben griechische Vorbilder. So hat z. B. Grillparzer ein Stück über Medea geschrieben, die Iason beim Raub des Goldenen Vlieses geholfen hat (*siehe S. 33*). Goethe hat in seiner *Iphigenie auf Tauris* das Schicksal Iphigenies, der Tochter des Agamemnon (*siehe S. 10*), für die Bühne bearbeitet. Von dem französischen Dramatiker Racine stammt *Andromache*, ein Werk über die unglückliche Ehefrau Hektors. Diese drei Frauenfiguren haben schon in der Antike den griechischen Dichter Euripides zu berühmten Tragödien inspiriert.

HEINRICH SCHLIEMANN, EIN ECHTER PIONIER

Der deutsche Kaufmann Heinrich Schliemann begeistert sich für das alte Griechenland und entdeckt bei Ausgrabungen zwei berühmte Stätten der griechischen Geschichte: 1870 findet er Troja, 1876 Mykene. Auch wenn er sich bei der Deutung seiner Funde des öfteren geirrt hat, verdanken wir ihm wertvolle Erkenntnisse über das antike Griechenland.

133 v. Chr.
Das griechische Pergamon, eines der mächtigsten Königreiche der hellenistischen Epoche, wird von Attalos III., dem letzten König aus der Dynastie der Attaliden, an Rom vererbt. Damit breitet sich das römische Reich auch nach Osten aus.

58–51 v. Chr.
Cäsar erobert Gallien. Nachdem die gallische Armee unter Vercingetorix 52 v. Chr. in Alesia unterliegt, wird Gallien römische Provinz. Nach und nach übernehmen die Gallier die Sitten und Gebräuche der Römer.

Auf der Suche nach antiken Überresten

Das alte Griechenland macht neugierig. Man möchte die Überreste des Perikleischen Zeitalters oder die Spuren der Helden der *Ilias* mit eigenen Augen sehen. Doch seit dem 15. Jahrhundert steht Griechenland unter türkischer Herrschaft. 1828 schickt Frankreich ein Expeditionskorps ins Land, um die Griechen in ihrem Kampf gegen die Besatzer zu unterstützen. Begleitet werden sie von einer Gruppe von Wissenschaftlern, die die Ergebnisse ihrer Reise 1831 unter dem Titel „Expédition de Morée" (alter Name für Peloponnes) veröffentlichen. Die aus Olympia stammenden Marmorstatuen, die im Louvre in Paris zu sehen sind, sind ein Zeichen des Dankes der Griechen für die Hilfe der Franzosen. Als 1832 Griechenland unabhängiges Königreich wird, beginnt das Land damit, seine antiken Kulturgüter zu schützen.

Neben zahlreichen Bauwerken, die von der griechischen Architektur beeinflusst sind, erinnern auch immer wieder Details an das antike Griechenland. Hier ein eiserner Metropfeiler in Paris, der eine griechische Säule mit Kapitell nachahmt (siehe S. 36).

UM DELPHI ZU FINDEN, MUSS KASTRI WEICHEN

1893 beginnen französische Archäologen mit der Freilegung des großen Apollonheiligtums von Delphi, wo die Priesterin Pythia ihre berühmten Orakel* sprach. Um hier graben zu können, muss man den kleinen Ort Kastri, der sich an dieser Stelle befindet, abreißen und weiter unten im Tal wieder aufbauen. Die Bewohner sind darüber so aufgebracht, dass die Archäologen unter dem Schutz der Armee arbeiten müssen. Neben dem Apollon- und dem Athenatempel hat man an diesem heiligen Platz noch ein Theater und ein Stadion gefunden.*

46 v. Chr.
Sosigenes von Alexandria reformiert im Auftrag Cäsars den alten Mondkalender, indem er die über Jahre entstandenen „Differenzen" ausgleicht. Das Jahr 46 v. Chr. hatte 445 Tage und ist die Geburtsstunde des julianischen Kalenders mit 365 oder 366 Tagen.

30 v. Chr.
Antonius, der Erbe Cäsars, lebt mit der ägyptischen Königin Kleopatra zusammen und träumt von einem Großreich im Osten. Nach Oktavians Sieg in der Seeschlacht bei Aktium begeht das Paar Selbstmord. Ägypten, der letzte griechische Staat, wird römische Provinz.

Worterklärungen

Akropolis
Dieser Begriff (griechisch: „Oberstadt“) bezeichnet den hoch gelegenen, befestigten Teil vieler antiker griechischer Städte. Hier haben auch die Tempel ihren Platz; in der archaischen Zeit steht dort außerdem der Königspalast.

Archonten
Bis zum Ende des 5. Jahrhunderts v. Chr. die Inhaber des höchsten Staatsamts der griechischen Stadtstaaten. In Athen werden für jeweils ein Jahr neun Archonten gewählt. Später reduziert sich ihre Zahl auf zwei und ihre Funktion beschränkt sich auf religiöse und juristische Aufgaben.

Barbaren
Die Griechen bezeichnen mit diesem Begriff alle Völker, die nicht griechisch sprechen, nicht den griechischen Gebräuchen folgen und nicht in einer griechischen Stadt leben. Im Laufe der Zeit – und besonders später bei den Römern – bekommt der Begriff eine abwertende Bedeutung.

Chor
Diese Gruppe singt und tanzt während der Theateraufführungen. Der Chor besteht meist aus 12 bis 15 Choreuten und einem Chorleiter.

Chorege
Zumeist wird ein wohlhabender Bürger für dieses Amt ausgewählt. Bei Theateraufführungen ist er für die Auswahl und die Ausstattung des Chores* zuständig. Der damit verbundene finanzielle Aufwand wird als Ehre angesehen.

Epos
Langes, in Versen verfasstes Heldengedicht, bei dem sich geschichtliche Ereignisse mit märchenhaften Elementen mischen. Die berühmtesten griechischen Epen stammen von Homer: *Ilias* und *Odyssee*.

Exvoto
Wird die Bitte eines gläubigen Menschen von einem Gott erhört, kann er als Dank ein symbolisches Geschenk in den Tempel bringen. Diese Gabe heißt Exvoto, lateinisch für „wunschgemäß“.

Griffel
Ein dünner zugespitzter Stift aus Metall oder Knochen, mit dem die jungen Griechen auf eine mit Wachs überzogene Holztafel schreiben. Er ist häufig an einem Ende abgeflacht, wodurch das Wachs wieder geglättet werden kann.

Hellenismus
Die Griechen nennen ihre Heimat „Hellas“. Als Hellenismus wird eine bestimmte Periode der antiken griechischen Kultur bezeichnet, die mit dem Tod Alexanders des Großen 323 v. Chr. beginnt und mit der Übernahme Ägyptens als letztem griechischen Staat durch Oktavian, den späteren Augustus, 30 v. Chr. endet.

Infanterist
Ein Soldat zu Fuß, im Gegensatz zum Kavalleristen, der zu Pferd in die Schlacht zieht.

Kolonist
Ein Kolonist wandert aus seiner Heimat aus, um ein neues Land zu besiedeln und eine „Kolonie“ zu gründen. Da die Kolonisten mit ihrer Mutterstadt in engem Kontakt bleiben, verbreiten sie in ihrer neuen Umgebung die Sitten und Gebräuche der Heimat. Auf diese Weise gelangt die griechische Kultur in den gesamten Mittelmeerraum.

Königsmord
Wer einen König tötet, wird in den meisten Kulturen hart bestraft. Der Königsmord gilt als besonders schweres Verbrechen.

Metöken
Die Griechen nennen ortsansässige Fremde Metöken („Mitbewohner“). Anders als die Barbaren* nehmen die Metöken am kulturellen, wirtschaftlichen und militärischen Leben der Städte teil. Vom Staatsleben allerdings bleiben sie ausgeschlossen und müssen eine spezielle Steuer zahlen.

Minoische Kultur
Bezeichnung der kretischen Kultur zwischen 2600 und 1500 v. Chr. Namensgeber ist Minos, der sagenhafte König Kretas, der ein Herrschergeschlecht begründet.

Mitgift
In der Antike bringt die Ehefrau bei der Hochzeit Werte mit in die Ehe, z. B. in Form von Geld, Möbeln oder Schmuck. Noch heute ist die Mitgift in vielen Kulturen üblich.

Nekropole
Im antiken Griechenland dürfen die Toten nicht innerhalb der Stadtmauern begraben werden. Deshalb werden Nekropolen oder Totenstädte errichtet, in denen die Gräber wie Gebäude einer Stadt angeordnet sind.

Orakel
Bevor die Griechen eine wichtige Entscheidung treffen, befragen sie die Götter. Die Antwort der Götter wird ihnen in einem Orakel zuteil, das häufig durch den Mund eines Menschen, wie z. B. der Pythia* in Delphi, kundgetan wird. Die Antwort kann aber auch ein Naturereignis sein, wie z. B. ein starker Sturm. Die Weissagungen werden von Priestern gedeutet.

Perserkriege
Von 500 bis 479 v. Chr. befindet sich Griechenland im Krieg mit dem Perserreich. Ausgelöst durch die persische Invasion unter Dareios I. endet der Erste Perserkrieg mit dem Sieg der Griechen bei Marathon. Zehn Jahre später versucht Xerxes I. erneut, die Griechen zu unterwerfen. Er schlägt die Spartaner bei den Thermopylen und brennt Athen nieder, erleidet bei Salamis 480 v. Chr. aber eine entscheidende Niederlage.

Pythia
Apollon-Priesterin in Delphi. Durch sie verkündet Apollon seine Orakel*. Pythia sitzt auf einem Dreifuß über einer dampfenden Erdspalte und gerät in „göttliche Ekstase". Ihre für Menschen unverständlichen Worte werden von Priestern gedeutet.

Satyr
Wesen mit menschlicher Gestalt und Bocksbeinen. Satyrn haben spitze Ohren, Hörner und einen Schweif. Sie sind stark mit dem Dionysoskult verbunden.

Thalassokratie
Einige griechische Stadtstaaten, wie z. B. Athen im 5. Jahrhundert v. Chr., gründen ihre Vormachtstellung auf ihre Überlegenheit zur See. Diese Staatswesen nennt man Thalassokratien (griechisch: *thalassa*, das Meer und *kratos*, die Macht).

Zyklop
In der griechischen Mythologie sind Zyklopen riesige Wesen mit nur einem Auge in der Mitte der Stirn. Sie sind die Söhne von Uranos und Gaia. Einige Zyklopen sind Gehilfen des Schmiedes Hephaistos, andere helfen beim Bau der ersten griechischen Städte. Der berühmteste Zyklop ist Polyphem, der Odysseus und seine Gefährten auffressen wollte.

Zynismus
Dem Athener Philosophen Diogenes zugeschriebene Geisteshaltung. Er kümmert sich nicht um gesellschaftliche Vorschriften und die öffentliche Meinung. Für ihn ist die Natur das Maß aller Dinge. Heute bezeichnet man einen Menschen, der sich spöttisch über gesellschaftliche Normen äußert, als Zyniker.

Register

Die kursiv gedruckten Seitenzahlen verweisen auf ein Wort, das in der Chronik am unteren Seitenrand zu finden ist.

Bildnachweis

1: Andreas Piel – 3: Chuzeville/RMN – 4 ol: E. Lessing/AKG-images; mr und ul: J.-M. Guillou – 5 o: L. Hindryckx, éditions Larivière/Fleurus; m: M. Calamusa; u: G. Houbre – 6 l: E. Lessing/AKG-images – 6–7 o: C. Hindryckx/éditions Larivière; ul und m: John Hios/AKG-images – 7 r: AKG-images – 8–9: G. Houbre; 9: J.-P. Adam – 10 o: AKG-images; u: J.-M. Guillou – 11 o: J.-M. Guillou; u: C. Hindryckx/éditions Larivière – 12 o: Rainer Hackenberg/AKG-images; u: C. Adam – 13 o: C. Hindryckx/éditions Larivière; u: J.-P. Adam – 14 l: J.-P. Adam – 14–15: G. Houbre – 16–17: C. Gégoud; 17 u: G. Dagli Orti – 18 o: E. Lessing/AKG-images; u: G. Dagli Orti – 19: G. Dagli Orti – 20: E. Krähenbühl – 21 l: E. Krähenbühl; r: H. Lewandowski/RMN – 22 o: Chuzeville/RMN – 22–23: E. Krähenbühl – 23 l: E. Krähenbühl; r: C. Hindryckx/éditions Larivière – 24 l und u: J.-M. Guillou; or: H. Lewandowski/RMN – 25: J.-M. Guillou – 26 o: H. Lewandowski/RMN; u: C. Hindryckx/éditions Larivière – 27: C. Maucler – 28: E. Krähenbühl – 29 ur: E. Krähenbühl; or und ul: J.-P. Adam – 30–31: C. Maucler – 32 l und r: H. Lewandowski/RMN – 33 o, m und u: H. Lewandowski/RMN – 34: H. Lewandowski/RMN – 35: C. Maucler – 36 o und u: C. Adam – 37 o und u: C. Adam – 38: H. Lewandowski/RMN – 39 o: Chuzeville/RMN; u: H. Lewandowski/RMN – 40 o: Joël du Cange/Hoa-Qui – 40–41: C. Maucler – 41 r: Roger-Viollet – 42 o: M. Beck-Coppola/RMN; u: M. Calamusa – 43 or, ol, m und ur: M. Calamusa; ul: H. Lewandowski/RMN – 44–45: L. Hindryckx/éditions Larivière – 46–47: C. Adam – 48 l: C. Adam; ur: C. Larrieu/RMN – 49 o: C. Adam; u: H. Lewandowski/RMN – 50 o: C. Adam; u: G. Blot/RMN – 51 o: H. Lewandowski/RMN; u: C. Adam – 52 l: H. Lewandowski/RMN – 52–53: C. Maucler – 53 r: H. Lewandowski/RMN – 54 o: G. Dagli Orti; ul: M. Calamusa; ur: H. Lewandowski/RMN – 55 o: M. Calamusa; u: H. Lewandowski/RMN – 56 o: H. Lewandowski/RMN; u: E. Krähenbühl – 57 o: E. Krähenbühl; u: H. Lewandowski/RMN – 58: E. Krähenbühl – 59 ol: E. Lessing/AKG-images; ul, or, mr und ur: H. Lewandowski/RMN – 60–61: G. Houbre – 62 u: G. Dagli Orti ; ol und or: E. Lessing/AKG-images; om: Archives CDA/Guillot/AKG – 63: C. Hindryckx/éditions Larivière – 64 ul: C. Hindryckx/éditions Larivière; or: H. Lewandowski/RMN – 64–65: C. Adam – 66 or: G. Dagli Orti; ul: J. Liepe/BPK, Berlin, dis. RMN – 66–67: E. Krähenbühl – 68 o und u: H. Lewandowski/RMN – 69 o: G. Dagli Orti; u: M. Calamusa – 70 o: C. Hindryckx/éditions Larivière; u: J.-P. Adam – 71 o: C. Adam; u: H. Lewandowski/RMN – 72 o: E. Lessing/AKG-images; u: G. Dagli Orti – 73 o: E. Lessing/AKG-images; u: E. Krähenbühl – 74 o: Pirozzi/AKG-images; 74 m: Dufour-Thomas/Gamma; u: M. Evans/Keystone France – 75 or: J.-P. Adam – 75 u: G. Dagli Orti.
Unterer Seitenrand: Marylène Calamusa.
Die Piktogramme in der Chronik wurden von Nicholas Julo gezeichnet.

Umschlagvorderseite: Andreas Piel.